АКСАНА

Час
знешняй
адсутнасці

Skaryna Press
London
2024

Данільчык, А.
Час знешняй адсутнасці : вершы / Аксана Данільчык. — Лондан : Skaryna Press, 2024. — 134 с.

Кніга вершаў "Час знешняй адсутнасці" — гэта погляд у глыбіню сябе, існаванне на адлегласці ад прадвызначаных маршрутаў, рэфлексія над тым, што сыходзіць з цягам часу, і тым, што застаецца; імкненне захаваць сябе і ўласны голас незалежна ад абставін і распавесці пра гэта мовай экзістэнцыйнай паэзіі, у якой аўтарскае "я" бачна, чутна, адчувальна.

ISBN 978-1-915601-27-8 (paperback)
ISBN 978-1-915601-28-5 (epub)

Рэдактар *Дзмітры Плакс*
Мастак *Вячаслаў Паўлавец*
Карэктар *Алесь Дуброўскі*
Тэхнічны рэдактар *Ігар Іваноў*

Copyright © Аксана Данільчык, 2024
Copyright © Skaryna Press, 2024

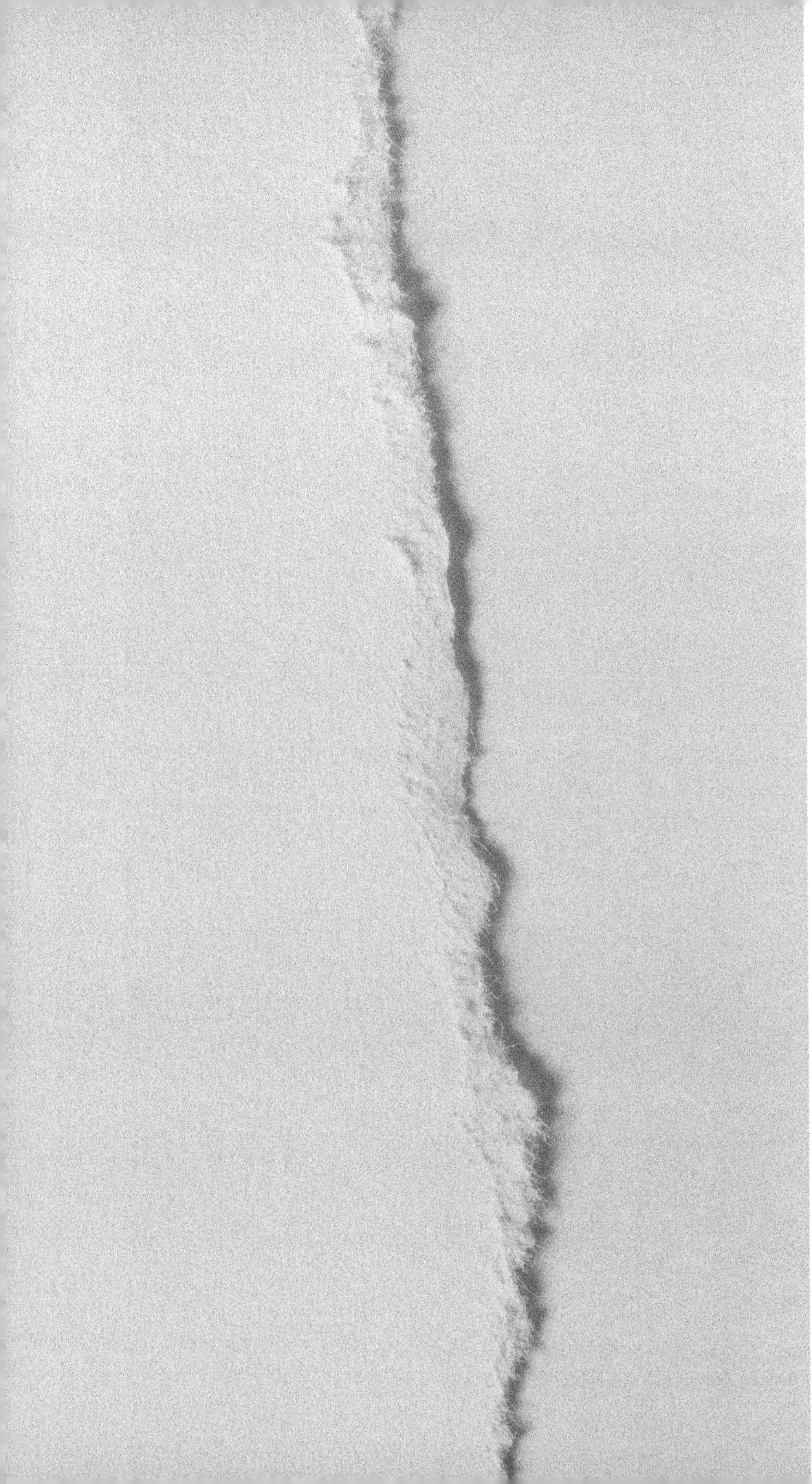

Пачатак

*Калыхаюцца дрэвы
ў густую трывожную ноч,
выгінаюцца, быццам гімнасты,
пад посвіст дзікі.
Можа быць, яны скруцяць сальта
ці проста палягуць наўзбоч,
можа страціць трываласць свет
пад нячутныя крыкі,
можа скончыцца тут і цяпер,
і тады
давядзецца нанова
вынайсці пункт адліку.*

*І дрэвы адарваліся-такі ад зямлі,
і захацелі ўзняцца ў неба,
але, прывязаныя за карэнне,
павіслі, як балонікі на нітках,
так і гайдаліся, пакуль не скончылася бура,
пакуль не скончыўся вецер,
што трымаў іх сваімі плынямі,
тады яны знясілена пападалі на зямлю,
і здавалася, што век іх скончаны,
а я глядзела на іх і думала,
што і мой век скончаны.*

*І дрэвы быццам страцілі гучанне,
і словы быццам страцілі гучанне,
і непазбежнае расчараванне
прабегла па нервовым твары бэзу,
нягнуткія галіны, як пратэзы,
ў імкненні распачаць сваю гамонку
нязграбна ўзмахвалі зялёнымі сцягамі,
віселі хмары па-над мокрымі дамамі,
а я схілілася пад абразамі
і напісала першую старонку.*

***

*Калі Петрарка пра самотнае жыццё
пісаў, а за акном пагоркі
вясновай дымкай, туманамі, першым лісцем
яму стваралі фон для назіранняў,
ці сапраўды ён адчуваў самотным
сваё жыццё ў такім замкнёным коле —
статычным знешне, унутрана рухомым
і адасобленым ад марных парыванняў?*

*Калі ў глыбінях памяці чужой
плывуць планеты, караблі ці зоркі,
і па-над цэнтрабежнасцю ўяўленняў
пра ўбачаны і пра нябачны свет
адольваюць без лішніх намаганняў
шурпатую прастору навальніцы,
хто ведае ці сыдуцца іх рэкі,
ці заквітнее сад, ці дасць багацце?*

*Калі харызматычны красавік
страсае пыл з адноўленых галінаў,
а з вербаў сыплецца пылок жаўтлявы
пад кроплі метадычнага дажджу,
каго гукаюць чайцы над дахам
з раскошы засяроджанай самоты
у свет, насычаны святлом і ценем,
скаваны абавязкаў ланцугамі?*

*І ці магчыма вызначыць абсяг,
дзе адасобленасць дае збавенне,
а кожнае пражытае імгненне
каштоўным сродкам робіцца няўзнак?
Дзе пазбіраюцца прадуманыя дні
у невядомую дасюль скарбонку,
і, разрываючы сумненняў абалонку,
прымусяць выйсці па-за межы абяцанняў...*

*І дзе эсэнцыяй свабодных разважанняў
запоўняцца фіялы цішыні.*

Старая

*Яе рукі,
вызваленыя ад паўсядзённасці,
дакранаюцца да вершаў,
як да ўласнага болю,
як да асколкаў, што ў непагадзь
турбуюць некалі параненага жаўнера.*

*І хоць вайна скончылася даўно,
жывое балецьме вечна.*

***

дождж раскрываецца паступова
як кветка выпростае пялёсткі
воблака за воблакам
светлае цёмнае
светлае цёмнае
цёмнае
цёмнае

нарэшце

***
*Травінка гайдаецца, як метраном,
палудневым ветрам.
Час ідзе.*

Сталасць

*Душа пасялілася
сярод затопленых гарадоў,
толькі званіцы застаюцца на паверхні.*

Час ад часу чуваць іх звон.

***

*Хвалі — ружовыя і залатыя,
адна за адной, нітка за ніткай:
адно сонца выткана на небе,
другое на вадзе,
трэцяе — на мокрым пяску.
Палатно быцця разгорнута на ўвесь далягляд.*

*Вось яна, суворая прыгажосць поўначы,
няўстойлівая пад уздзеяннем ветру і мора.
Могілкі мёртвых дрэваў,
іх хрыбеціны, напаўзанесеныя пяском,
асуджанасць кожнай травінкі.*

*Бераг асыплецца ад уласнага цяжару,
аголенае карэнне высушыцца сонцам,
сасна вось-вось скоціцца на пляж,
а потым мора пагайдае яе і выкіне,
як непатрэбны ўспамін.*

*Што прычына, а што наступства
ў гэтым наступе выдмаў,
бязлітасным і непазбежным,
непапраўным у сваёй абыякавасці,
велічным, як рэквіем,
што гучыць свістам пяску
пад нашымі нагамі?*

*Сонца адпаўзае за мора,
вызваляючы прастору прыцемкам.*

***

*Ёсць час сядзець на камянях,
некалі раскіданых
і некалі сабраных
дзеля таго, каб было сваё месца
ўглядацца ў светабудову.*

*Ёсць час сядзець на камянях,
захінуўшыся парасонам,
і разглядаць апакаліптычны дождж,
што працуе з зямлёй,
як ганчар працуе з глінай.*

*Ёсць час сядзець на камянях
між гарадзейскім
і стаўпецкім гасцінцамі,
якія з аднаго і з другога боку
вядуць у Мір.*

*Ёсць час сядзець на камянях
і слухаць, як прарастаюць
з лета ў восень грыбы,
як іх накрывае лісце
з восені ў зіму.*

*Ёсць час сядзець на камянях,
перамаўляючыся з іншасветам,
гладзіць стагадовы мох
і раптам заўважыць, як паступова
камяні апускаюцца ў зямлю.*

***

Іду.
Усміхаюся.
Бачу сонечны дождж.
Бачу спелыя яблыкі пад маімі нагамі.
Гэты горад не мой і не мне —
ну і што ж —
пралятаць над забытымі снамі.

Іду.
Усміхаюся.
Завяршыўся сезон.
Перакрэслены часавы пояс адноснасцю вызначэння.
Хто прасіў даравання,
хто проста крычаў наўздагон,
у цяперашнім часе не мае значэння.

Іду.
Усміхаюся.
Бачу ў вокнах святло.
Разумею — ніякага даравання не будзе.
Так дакладна і ясна.
І празрысты, як бітае шкло,
смутак вечнага невяртання...
...і горыч аб страчаным цудзе.

***

*Дваістасць вераснёўскага паветра,
што рухалася і змяняла далеч,
асветленыя сонцам, бы праз плёнку,
пагоркаў вінаградавыя ўсмешкі
і вобразаў трохмерныя выявы
зляталі на шурпатую паперу,
калі, ўглядаючыся ў сінь нябёсаў,
я бачыла на крылах самалётаў
анёлаў ціхамірныя абрысы.*

*Штурхаліся настойліва аблокі
ад паступовай дэфармацыі прасторы.*

*І ўсё, што я магла намаляваць,
здавалася такой духмянай праўдай,
такой неверагодна далікатнай
у бездакорнасці сваіх памкненняў.
І ўсё, што я магла пераказаць
на зразумелай чалавеку мове,
здавалася выдатным першатворам
маіх узнёслых і надзейных думак.*

*А хісткасць навакольнага сусвету
яшчэ зусім не кідалася ў вочы.*

*І толькі лёгкія, бы пёркі, напаміны
пад ветрам узляталі і знікалі,
а ўпалыя анёлы спасцігалі
мастацтва жыць у іншым вымярэнні.*

***

Дзень, калі ты сціснуўся
да памераў мураша,
непазнавальна змяніў
прапорцыі наваколля.

Кветкі сталі такія высокія,
трава стала такая высокая,
і яблыня быццам званіца,
і яблыкі быццам званы.
Вось толькі падаюць яны
так небяспечна...

Ну, што глядзіш з-пад лістка
сваімі яснымі вачыма,
разумееш цяпер,
што значыць быць маленькім?

***

*Прастора, пасечаная на кавалкі
шматпавярховікамі,
не спыняе толькі драпежных птушак,
якія б'юцца за кожную скарынку,
таму я і прачынаюся спалохана
ад іх крыкаў,
гляджу за акно, а там — пустая шпакоўня.*

*Кажуць, восень — гэта суцяшэнне,
але не, гэта проста замкнёнае кола,
дакладней, кола, якое замкнулася,
зрабіўшы яшчэ адзін абарот,
і восень вярнулася,
каб забраць свае рэчы
ці папрасіць прабачэння.*

*Ці каб цвілі дзьмухаўцы
між апалымі яблыкамі,
каб скрыжаваліся сезоны
ў верасні,
каб спытацца,
ці ўсе набыткі тваёй памяці
маюць хоць якое-небудзь
самастойнае значэнне.*

*Хаджу па горадзе,
спатыкаюся аб людзей,
расцярушваю думкі
па гарадскіх ускраінах,
забываюся, што я і дзе,
стан адзіноты і занядбанасці
аднолькавы праз усё жыццё.
Такая вось справа.*

*Каланковым пэндзлем па твары
паветра праводзіць
ласкава-ласкава.*

***

У пэўны момант перамяшчэння
па лінейнай адлегласці быцця
заўважаю ва ўласных жэстах
нейкую адасобленасць
ад навакольнага асяроддзя,
заўважаю, што пачынаю
думаць пра сябе ў мінулым часе —
без месца, без дзеяння, без эмоцый.

Гэта здараецца ў час,
калі такой неверагоднай
здаецца ранішняя свежасць
і дождж, для якога не мае значэння,
дзе і калі спыніцца тваё жыццё,
дзе і калі ты заўважыш,
што глядзіш на свет
з іншага вымярэння,
а чужыя погляды праходзяць праз цябе
і накіроўваюцца да іншых вачэй.

Рэчы страчваюць шчыльнасць
і робяцца абсалютна бязважкімі.

Што гэта там за пілігрымы,
якія не пакідаюць на дарозе слядоў?

***

*Зямля —
чорная і трывалая,
простая, як сутнасць
нараджэння і смерці.*

*Па карэнні таполяў
таньчаць богаўкі з мурашамі,
выспы былых хутароў
застаюцца
між свежага ворыва.*

*Вось так
з усіх канцэпцый быцця
выбіраюць
самую
надзейную.*

Перакладчык

*І нябачная смерць
парушае гармонію.
Нават тая, што існуе
толькі ў словах яе канстатацыі,
толькі ў даведках патрульнай службы:
імя… прозвішча… нарадзіўся… дата…*

Перад вачыма чалавек без твару.

*Як перакласці смерць на іншую мову?
Смерць тут на мову там?*

Лёгкае воблачка выдыху лунае над дарогай.

Бог ужо ўсё пераклаў.

З зямлі на неба.

***

Промні сонца прабіваюць скуру яблыкаў,
але ламаюцца аб сцяну
і асыпаюцца нам пад ногі.

Калі не паспееш сабраць іх да вечара,
то потым іх забярэ цёмны бог,
што жыве пад цаглінаю ля парога.

Цёмны свавольны бог,
які забаўляецца тым,
што складае з іх пірамідкі.

А мы думаем: што там свеціцца пад порогам,
калі бачым уночы на тварах
святла залатыя адбіткі.

Харон

1.
У Харона на плячы пасяліўся верабей
і вандруе разам з ім па падземных водах.

Харон спачатку яго не заўважаў,
потым паспрабаваў скінуць, але што вераб'ю —
узяў сабе ды адляцеў убок.

Так і застаўся з Харонам.

Вечарам сядзіць Харон на беразе,
верабей сядзіць у яго на плячы.
Глядзяць, як гайдаецца човен,
як да чоўна падыходзяць баязлівыя душы.

Верабей іх вітае: "Ціў-ціў",
ім і не страшна.

2.
Састарэлы і саслабелы Харон
больш не можа працаваць вёсламі,
таму па вечарах займаецца тым,
што запальвае агні над Стыксам.
Агні выцягваюцца на хвалях
хісткай істужкай,
і злучаюць два берагі,
прымушаючы нашыя душы
вучыцца хадзіць па вадзе.

Толькі ніводнай з іх не дадзена
пра гэта расказаць.

***

*Паслухай, як гучыць лёд,
прыкладзі вуха да яго паверхні,
адчуй, як рухаецца яго крыштальная матэрыя,
як уздрыгвае і раскідае гукавыя хвалі,
як прагінаецца пад табою рака
ў час, калі ярка-ружовы дым
здаецца аплікацыяй на тле надвячорковага неба.*

*Што за містэрыя стогнаў, стрэлаў, скрогату,
што за наканаванасць —
жыць у сузалежнасці з наваколлем,
адгукаючыся на кожнае ваганне цяпла і холаду
глухімі раскатамі ўнутранай незадаволенасці.*

Так б'юць пад дых глухімі ўдарамі.

*Паслухай, як гучыць лёд,
паглядзі на яго знітаваныя расколіны,
быццам швы на параненых тканках,
яны разбягаюцца ў крыштальную глыбіню,
як галіны дрэваў
разбягаюцца ў сшарэлым паветры.*

*Можа быць, ты і здолееш запісаць
гэтую нязвыклую музыку,
можа, ты і здолееш расшыфраваць
гэтыя небяспечныя шэпты.
А калі не — захавай іх, як голас вады,
што прамаўляе,
не зважаючы на свае кайданы.*

***
Прайсці па ўласных слядах
супакоенымі крокамі
дзеля таго, каб знойдзены час
матэрыялізаваўся,
пазвоньваючы крышталямі лёду.

Час — гэта снег на галінах,
снег на камяні,
белы ядловец.
І да яго можна дакрануцца.

І я дакранаюся,
сціскаючы снег,
пакуль з яго не пацячэ вада.

Сіцылія

*Лімонная асалода ляжыць на далонях тваіх,
лімонныя дрэвы шумяць над тваёй галавою,
і нават калі імя тваё не прамаўляецца ўслых,
лімонныя хвалі коцяцца за табою.*

*І водар лімонны ахутвае ночы і дні,
на кветках лімонных пасуцца чмялёў карагоды,
прайдзіся па скуры лімона, забудзься пра ўсё і засні
у краі далёкім чароўнай лімоннай прыроды.*

*І, можа, адчуеш на вуснах лімонавы смак
у час, калі ветразь лімонны над морам згасае,
і будзе лімоннае сонца каціцца па чорных гарах,
пакуль у далоні твае не ўпадзе непрадбачаным раем.*

*Пакуль непрадбачаным вершам не ўспыхне усход,
пакуль не прачнуцца і зранку не выйдуць на бераг
паэты лімонаў — вясёлы і просты народ —
спяваць свае песні зямлі прыгажосці бязмернай.*

***

Дзень,ператвораны ў ручаіну,
збягае з пагорка ў бурштынавы сад,
там сны залатыя, як гнёзды ў галінах,
як душы вільготных яшчэ птушанят.

Там над начнымі фіялкамі роснымі,
над пацішэлай духмянай зямлёй
замітусіўся агнямі-пялёсткамі
светлякоў пералівісты рой.

За небакраем, дзе выступы горныя,
дзе запаволіўся ўдумлівы змрок,
чорнае крылле ў паўнеба разгортвае
і ўзлятае абуджаны цмок.

А дзень,ператвораны ў ручаіну,
крыштальнай мелодыяй знікне ў траве,
і мне б знайсці хоць якую прычыну,
каб затрымацца ў яго харастве.

***
*Акварэльная рэчаіснасць
запаўняе ранішні золак.
Колеры праступаюць з тумана,
як кроплі на прамакатках,
і змешваюцца.
Час знешняй адсутнасці —
калі ўсё, здаецца, нармальна,
але нікуды не хочацца
бегчы, спрачацца, прысутнічаць,
толькі б глядзець, як падае
лісце, гайдаецца лісце,
круціцца...*

*А можа, для іншых рэчаў
дзень непрыдатны такі,
і непрыдатны час
для іншага існавання,
толькі б глядзець, як лісце
на хвалі халоднай ракі
праз парадзелы туман
і рэдкія промні змяркання,
быццам дэсант залаты,
на белы пясок
апусціцца...*

Іншае

*А восень
расплывецца жоўтай плямай
па хвалях лесу,
па зямной прасторы,
па ціхіх вуліцах,
па брукаванцы
маіх заходнебеларускіх вёсак,
і прымаразкам схопленыя пальцы,
і бляск вады ў пазарасталых ямах,
і шлях на могілкі
да тых, каму прыйшлося
пакінуць свет,
у восеньскім праменні
вяртаюцца,
а даўнія найменні
забытую вяртаюць
першароднасць.*

*Аскомістым, жывым, вясёлым пахам
зямля паведамляе наваколлю
аб заканчэнні дзён і аб пачатку,
дзе іншае агучвае значэнні
да пэўных досведаў
незразумелых.*

*І можна бачыць
з гэтага памежжа,
як канцавое
робіцца бязмежным.*

***

> *On n'habite pas un pays, on habite une langue. Une patrie, c'est cela et rien d'autre.*
> E. M. Cioran, *"Aveux et anathèmes"**

Слонцо закацілася за гае далёкія,
пад старою дзічкаю коўзаецца змрок,
і кудысьці дзеласё даўняя, высокаё,
ўсё, што ты, няўдаліца, затрымаць ня змог.
Верабіны гнуткія на платэ паклаліся,
полё разгарнуласё сівым палатном,
ну чаго ж ты, дзіцятко, гэтак іспужаласё,
то заранка бліскае над начным сялом…

Мятавы вецер,
шантавы вецер
стагоддзямі
пыл уздымае
і апускае на дол,
белых рамонкаў,
што да мяне падыходзілі,
круціць пялёсткі
і асыпае
ў прыпол.

Ад алімпійкі,
што легла лінейнай пазнакаю
на пераходы
між Возерскам і Падлессем,
гук прапаўзае вужакаю
праз перашкоды,
вуха казыча
і растае
ў міжлессі.

---

* *Чалавек жыве не ў краіне, ён жыве сярод мовы. Радзіма — гэта мова і нічога больш.* Э. М. Чаран, *"Прызнанні і праклцці"*.

*Усё, што я чую
над гэтымі скрыжаваннямі,
усё, што я ведаю
пра непарыўнасць часоў,
увасабляецца
словамі-заклінаннямі,
перадаецца таму,
хто аднойчы
паўторыць іх
зноў.*

***

У шэры сад, дзе яблыкі прамерзлі
да цёмных вопратак сваіх зярнятак,
дзе пуцявінамі салодкіх сокаў
вандруюць памутнелыя ландрынкі,
не далятае цёплае дыханне
ад коміна, і ў познюю гадзіну
ён сам не дыхае, трымаючы ў глыбінях
душу, каб не патрапіла на холад.

І шэрань на яго скалелых пальцах —
прыкмета непазбежнай летаргіі.

Ёсць шэры сад адмененага часу,
раскладзенага па часінах года,
па страціўшых дакладнасць успамінах,
дзе болей адчуванняў, чым малюнкаў.
Сляды непланаваных інтэрвенцый
на спалым лісці ля яго карэння
распавядаюць пра цікаўнасць свету
і пра агульнасць існага пачатку.

Заслона неба не прапусціць сонца,
замкне прастору разам з цішынёю,
і ты адчуеш вашае адзінства,
калі да твару дакранецца шэрань.

Aequinoctium

Сухая
прамерзлая зямля
не чакала
ніякай падступнасці,
але пасыпаў снег,
і пустыя гнёзды пад снегам
зрабіліся заўважнымі,
як твары,
што раптам
выступілі
з натоўпу
і набылі
выразнасць,

а вароны
сядзелі на галінах
чорнымі ягадамі,
і дрэва здалося
вялізным кустом чарніцаў.

Я назаву
гэты дзень
нулёвым мерыдыянам,
я забудуся на дату,
каб час не рухаўся
ні назад,
ні наперад,
каб холад усіх яго таямніцаў
заставаўся са мною
хвалюючым лейтматывам

ад восені да вясны,
ад раўнадзенства
да раўнадзенства,
ад першага снегу
і да апошняга
чарадзейства.

Гадзіннік

> *Felices los amados y los amantes*
> *y los que pueden prescindir del amor.*
>   *Horhe Luis Borjes, "Evangelio apócrifo"**

1.
Зрушылася з месца старая хата
і пайшла па дарозе
снягоў, дажджоў і туманоў,

азірнулася на падворак,
пагладзіла камяні
і пакінула стары гадзіннік:

бо нехта ж вернецца...

2.
Куды ісці, ў якую бездань
таму, хто перажыў свой век,
шукаць якую таямніцу
ў чаканай цішыні быцця?
Аддаленасць чужога свята
і непрамоўленасць пачуццяў
узыходзяць па галінах дрэваў
і асыпаюцца на дол.

Мажлівасць рухацца па часе
без спланаванага маршруту,
напэўна, маюць толькі рэчы,
застылыя ў чаканні рук.
Іх успаміны быццам казкі,
узноўленыя выпадкова
далонямі, куды знянацку
трапляе знойдзеная рэч.

Куды ісці, ў якую бездань

---

* Шчаслівыя каханыя і тыя, хто кахае. І тыя, хто можа абысціся без кахання. Хорхе Луіс Борхес, "Апакрыфічнае Евангелле".

таму, хто перажыў сябе
каханага і закаханасць
сваю нарэшце адпусціў
туды, дзе спынены гадзіннік
і аднастайныя аблокі
і дзе прамоклая дарога
снягоў, дажджоў і туманоў?..

Рука твая кранае вусціш
напружанага наваколля,
над непяройдзеным парогам —
застылы нерашучы крок.
І лёгкае падзенне кропель,
як шлях, разгортваецца ў часе
да абсалютнасці спакою,
які знайсці ты ўрэшце

змог?..

***
*Вецер з Готланда,
вецер, як музыка,
непрыкметна
расшпільвае гузікі...*

*Срэбных гусей чарада праплывала
нябесным акіянам,
нібыта касяк рыбінаў,
блішчала асветленае сонцам
крылле чаіцы,
што рухалася ім насустрач.*

*Перакрыжоўваліся шляхі птушак,
і самалёты ляцелі ў аэрапорт,
вяртаючы вышыню.*

*Паабедзе на сонечным небе
выступіў правы бок месяца,
і многія недаверлівыя душы
пасля адлігі, туманоў і дажджоў
глядзелі ўверх, чакаючы знакаў
хуткага вызвалення.*

І тады прыляцеў вецер з Готланда.

*Ён распырскваў па вільготных дахах
маленькія сонцы,
падхопліваў і падкідаў іх угору,
і кожнае сонца
адскоквала ад зямлі са звонам,
як нота чэлесты,
і знікала ў кішэнях мінакоў.*

*А вецер развярнуў стрэлку гадзінніка,
зрабіў развітальны круг
і гэтаксама раптоўна
паляцеў за даляглядд...*

Асэнсаванне

І неяк так пра дождж і цемру,
Так проста, як пра мае быць,
Сказаць без гэтага надрыву,
Без гэтай крыўды на ўвесь свет.

Разрэзаць дзень адным намерам,
Разрэзаць лёс на мноства частак.
Ёсць сэнс па-за адлегласцю і часам,
Ты з ім заўсёды існуеш сам-насам.

І, засынаючы, пачуць, як звонку
Крычаць, дамоў вяртаючыся, птушкі,
Як пахне дажджавым вясковым пахам
Зямля, што не сабралася ў дарогу.

І хоць ужо не выправіць нічога,
Ізноў плывуць за далягляд глыбіні.
І хоць цягнік спыніўся назаўсёды,
Але імкнецца ўдалеч наваколле.

Бо вера ў што? Якім радком і гукам
Свядомасць лекаваць ад руйнавання,
Калі ізноў пасля дажджу і цемры
Світанак змые лускавіны хмараў?

І ты расплюшчыш выцвілыя вочы,
Каб іх напоўніць сінім-сінім ветрам,
Не думаючы, па якіх шыротах
Пайшлі ў нябыт астуджаныя вёсны.

***

*І вырастаюць,
адваёўваючы ў неба
і запаўняючы сабой
прастору,
вычварыстыя эмбрыёны лісця,
і распраўляюць
скурчаныя тканкі
дзеля найноўшых дасканалых формаў.*

*І хутка іх пуантылізм зялёны
настолькі зробіцца густым,
што перакрые
ракі істужку срэбную,
і з вокнаў
я буду бачыць
толькі плёскат лісця.*

*Па-за спляценнямі
галінаў, птушак, гнёздаў
адбітак сонца,
што дрыжыць на хвалях,
мне будзе дасылаць сваё вітанне
агнямі праз пласты
жывых матэрый.*

*Злаўлю яго,
як успамін маленства,
і буду новыя ствараць сусветы
ў аддаленых каморках
уяўлення.*

***

*Са дна ракі
зялёныя
стварэнні
ўздымаюцца,
нібыта россып
зораў.*

*Сваім імкненнем
выйсці на паверхню,
каб разгарнуць
нарэшце
скруткі лісця
і акругліць
пяціканцовыя абрысы,
яны засведчылі
змяненне
паравінаў.*

*Ракі празрыстасць,
чысціню нябёсаў,
хаду жыцця
без нашага
удзелу
я бачу,
углядаючыся
ў хвалі.*

***

Ты прыедзеш, і скончыцца дождж,
што стаяў перад вачыма маскітнаю сеткай,
а дзікі вінаград на сцяне
разбуранага дома насупраць
расправіць лісце
і напоўніцца сваім сапраўдным колерам.

Калі я прыдумала такое,
як я магла прыдумаць такое?

Ты прыедзеш, і скончыцца дождж,
і застанецца мокрым святлом
ліхтароў на асфальце.

Я з тых, хто прыдумляе,
а можа, з тых, хто прадбачыць...

Потым дождж пачнецца ізноў,
і жыццё пачнецца спачатку,
не згадваючы пра мінулае,
якое страціла значэнне —
многія рэчы страчваюць
ранейшыя значэнні,
але набываюць новыя.

Чуеш, як дыхаюць рэкі,
як распавядаюць свае гісторыі,
хто ведае, ці даслухаем мы іх да канца...

Там, дзе злучаюцца Вілія і Нёман,
я раптам убачу цябе,
нібыта ўпершыню, убачу цябе
і нарэшце зразумею, хто ты.

***
Хоць слова,
хай адно толькі слова,

адарвецца, як кропля з даху,
і ў сваім запаволеным падзенні
апусціцца мне на вусны.

Такая невыноснасць у паветры —
можаш стукаць, можаш прасіць
(а я нават не ведаю як) —
усё безвынікова, усё канчаткова.

І вось я стаю
і стукаю абцасам па тонкім лёдзе,
па тонкім восеньскім лёдзе,
прабіваючы свабоду вадзе,
але насамрэч гэта мая несвабода
шукае выйсця.
Як дзіцёнак,
што ў новых ботах
імкнецца куды-небудзь улезці —
пажадана туды, дзе па самае калена,
быццам ад гэтага лягчэй.

Нават калі я блізка,
нават калі я непазбежна блізка,
я ўсё роўна далёка.

Нарэшце
я вымаўляю гэтае "ўсё"
і рухаюся туды,
дзе вочы жалезных птушак
ззяюць металічным бляскам,
пакідаючы за сабой
аблітае лёдам вецце,
што прасвечваецца
восеньскімі промнямі.

Перад уяўным полымем каміна

Як запісаць
экзістэнцыйны рух прасторы,
і гоман ветру
на яе абсягах,
і словы,
што згараюць,
быццам трэскі,
і цёплым дымам
ахінаюць вечар,
і словы, вымаўленыя
не табой, не мною,
а часам,
увасобленым
у іскрах.

Якая
аб'ектыўная рэальнасць
нам дадзена
між гэтых сноў зімовых,
чыя, скажы мне,
існасць ці няіснасць
прадвызначае
нашыя памкненні...

На музыкі
ашчадныя спружыны
кладуцца нашыя
узрушаныя целы
і спасцігаюць
кожны раз нанова
мелодыі
вяртання і сыходу.

Бясконцага вяртання
і сыходу
між парываннямі душы
дзе-небудзь затрымацца.

Творчасць

*А ўласна кажучы,
здавалася б, пра што?
Калі ўсе душы прарастуць травою
раней або пазней,
калі ніхто
перакрычаць не здолее
адлегласць,
а ўсе караблікі і караблі
урэшце лягуць у адным сутонні,
і ўся непераможная армада
на дно апусціцца,
нашто ўздымаць далоні,
каб сцвердзіць бачнасць
хоць якога ўмельства?*

*І калі ноч
павісне чорным кажаном,
а раніцай
гатычныя настроі
уздымуцца
у чысціню паднеб'я,
і сонца блісне
водбліскам вясёлкі
па вострых выступах
спічастых вежаў,
жыццё напоўніцца
прыкметамі
сапраўднага майстэрства
Таго,
Хто ўсё стварыў.*

Каб ты засведчыў.

*І ты ўглядаешся
ў абрыс Яго стварэнняў
і адпаведнае знаходзіш
вымярэнне...*

***

Памяці Ніла Гілевіча

Мае беларускія словы,
бітыя-бітыя словы,
ужо не стогнуць,
а, сцяўшы зубы, кладуцца
дошкамі
па-над багнай.

Ступаю па іх
і прашу, каб патрывалі
яшчэ, яшчэ і яшчэ.

І я некалі стану
мастком,
каб пайшлі
праз мяне
мае беларускія словы.

Далей
у будучыню.

***

Памяці А. А. Лойкі

Адыходзячы — пакідай
цеплыню залацістых паглядаў,
рунь за межамі роднага сада,
клапатліва пасаджаны гай...

Адыходзячы — пакідай
прыгажосць белых кветак язміна,
дабрыню дарагіх успамінаў,
бледна-бэзавы небакрай...

Адыходзячы — пакідай
жаўталіст на шляхах верасовых
і — празрыстае, быццам вада, —
што пусцее сусвет без любові...

***

Сонца-леў
скочыла ў вогненнае кола.
Імгненне спынілася...

...І ўсе ільдзяныя сонцы,
што зараз гараць
над пыльнай Нямігай,
асветленай белым ззяннем,
не слепяць вачэй,
быццам хочуць сказаць: пара
сыходзіць у іншыя сферы
вось гэтым раннем,
апошнім у гэтым годзе,
і нават больш —
апошнім у гэтай ролі...
а можа, і ў гэтым целе...

...Абсыпалі снегам
з галінаў прамерзлых бяроз
і паляцелі галубкі туды,
дзе як сімвал
зімовай містэрыі
ззяе
паргелій.

Ноч

*Ліхтар
расплываецца па фіранцы
імпрэсіяністычным акцэнтам,
цені вазонаў выцягваюцца
да памераў дрэваў
і накрываюць прастору.
Я згарнуся
пад іх абаронай
клубком,
як Маўглі,
што стамлёна
прылёг на траву
і слухае джунгляў
пранізлівыя галасы,
і згадвае
тыгра Шэрхана абпаленыя вусы,
пакуль не прыйдзе Багіра,
каб забраць мяне
ў падсвядомасці
чорныя гушчары,
каб песціць мяне
і трымаць там,
пакуль яе не аслепіць
чырвоная кветка
зары.*

Перакладаючы Кампану

Снежаньскі туман гусцее,
не пакідаючы месца для жартаў,
самотныя выспы плывуць праз яго
у невядомым напрамку
і ўрэшце выплываюць
з горада прэч.

Яшчэ ўчора белы снег —
неспадзяваная радасць! —
змешваецца з гразёю
і чарнее,
а будынкі з чырвонай цэглы —
недабітыя рэшткі даўніны —
робяцца зусім цёмнымі ад вільгаці.

З-за дзвярэй я чую італьянскую гаворку —
вось ён, непараўнальны каларыт
майго жыцця.

Не завешваю вокнаў,
нават калі пачынае цямнець,
не баюся
бессэнсоўных пільных вачэй,
якія ўглядаюцца —
куды? —
нідзе нічога не відаць.
Не запальваю святла.

Каханы і каханая...
Шматкі скуры...

Чырвоныя плямы
ў люстэрку насупраць акна
запалалі ярчэй,
і дзень аднаго неўрастэніка
зрабіўся днём
другога неўрастэніка.

***
Сказаць — каб быць пачутай?
Гэта важна?
Або сказаць, каб сказанае стала
набытквам
вуліцы, дажджу, дарогі,
агнёў,
што ўспыхнулі
між туманамі...

Сказаць — навошта?
Ад таго, што словы
цяпер
нявыказанымі застануцца,
не зменяцца ні шлях,
ні далягляды,
ні накірункі ліній
на далонях...

Тады — нашто?
Чаму ізноў спрабую
сказаць табе пра
тысячу адценняў
брутальнай восені,
пасля якой — раптоўна
для ўсіх памерці
і ніколі больш
не нарадзіцца...

Не аддаваць
ні гораду, ні свету,
прайсці маўкліва
кропку незвароту,
не прагучаць.
Але пакінуць
ноту
святла,
якая будзе
паўтарацца...

Суіснаванне

*Неба
падступае з усіх бакоў,
разганяе птушак,
але на імгненне
спыняе свой наступ.*

*Вочы коткаў,
разамлелых на дрэвах
насупраць акна,
успыхваюць жоўтымі водбліскамі
і адлюстроўваюцца
ў маіх зрэнках.*

*Хачу выйсці на вуліцу,
але так і застаюся
на трэцім паверсе
сам-насам з пачаткам ночы,
а навальніца
выкручвае рукі маланкам
і шпурляе камякі хмараў мне на балкон.*

*Ноч яшчэ нейкі час
углядаецца ў мяне,
а калі ёй гэта надакучвае,
апускае аканіцы дажджу,
і я пэўны час нічога не бачу.*

*Мы суіснуем
у адной матэрыяльнай прасторы
і адлюстроўваемся адно ў адным
незалежна ад адлегласці.*

*Толькі калі ўжо зусім блізка,
бывае балюча.*

***

У эпіцэнтры стыхіі
мой дом апынуўся, калі
вецер прыціснуў хмару да акна,
яна расплюшчылася
і пацякла цёмна-сіняй мельмай,
падхопліваючы зоркі.

Акіян не прадугледжваў
ніякага выйсця з гэтай замкнёнасці,
я і не спрабавала.
Толькі глядзела, як плынь
імкнулася выціснуць шкло,
а шкло супраціўлялася,
і пакуль яно супраціўлялася,
я жыла.

Так магло б працягвацца
дні і гады,
бо ці ёсць шанец
перамагчы стыхію?

Толькі чакаць,
калі аслабне яе сіла,
спадзявацца,
што вытрымае шкло,
і пісаць.

А можа быць,
толькі так і можна
перамагчы стыхію?

***

*На чырвонай выспе
сярод акіяна
спыняюцца белыя лебедзі.
І калі яны ўзмахваюць крыллем,
калі яны ўзмахваюць крыллем,
хваля цёплага святла
ўздымаецца ў паветра.*

*Гэтыя флюіды
разлятаюцца па зямлі
і абуджаюць высахлыя фантаны
ў спусцелых гарадах,
а на людскія душы
сыходзіць прасвятленне.*

*Няўлоўная энергія
лебядзіных крылаў
для мяне рэальней,
чым шэрая сцяна насупраць.*

*Бо ці існуе рэальнасць,
якую я не заўважаю?*

*Але я ведаю дакладна:
у тыя імгненні,
калі сонца завешвае
вогненнымі фіранкамі
вокны шматпаверховак,
на чырвонай выспе сярод акіяна
лебедзі ўзмахваюць крыллем.*

***
*Момант,
калі бледна-ружовае неба
бэзавай фальбонай
накрыла плечы будынкаў,
разгарнуўся
ва ўсёй сваёй касмічнай пяшчоце.*

*Інверсія звыклых колераў,
залежная ад невідавочных
для мяне працэсаў,
адбылася,
і ў бледна-ружовым небе
паўстаў
нерухомы шэры дым.*

*Так, я памятаю:
нішто не паўтараецца.*

*Зямля паварочваецца,
і ружовая паласа
страчвае свой колер.*

*Я застаюся
сам-насам
з чорнай бясконцасцю,
якая растрэскваецца,
бы старая фарба,
высыпаючы
праз белыя прожылкі
зорны пыл.*

І я падстаўляю яму далоні.

***

*Непераможная
вера тюліпанаў
у магчымасць дасягнуць сонца,
схапіць яго пасткай пялёсткаў,
напоўніцца яго святлом,
паварочвацца з ім
направа і налева
выцягвае іх шыі
да самых вышыняў,
недасягальных жывой матэрыі.*

*Стоячы на дыбачках,
яны адчуваюць
магутнасць зямлі
пад нагамі
і музыку,
што струменіцца па іх целах,
што гучыць
у асцярожных
кроках
ветру
і закручваецца ў спіралі
разам з лёгкім
водарам
цёплай глебы...*

    *Ах, сонца, ты даруй маё бяссілле,
    Я — парастак, я — птушкі крык слабы...
    Ты можаш нават абпаліць мне крылле,
    Ды толькі, калі ласка, не забі, —*

шапчу ёй услед.

*Бо ўздымае нас вышай і вышай
непераможная
вера тюліпанаў.*

Гульня

Беглі ўслед за вясновай вадой,
лавілі словы-караблікі,
а потым мружылі вочы
і глядзелі праз хісткія промні,
як словы, вылаўленыя ў ручаях,
аблытаныя сонечнымі ніткамі,
сушыліся пад бліскучымі
прышчэпкамі-саламандрамі,
як вецер казытаў іх ветразі
і змушаў ледзь чутна
шамацець ад задавальнення.
І неслі на працягнутых руках
набытыя скарбы, а зямля
распраўляла цёмна-зялёнае крылле лясоў
з белымі пёркамі бязлістых бярозаў...

Прашу цябе, давай згуляем яшчэ раз.

***

*Зіхатлівы трохкутнік,
аддзелены роўнымі лініямі
ад туманнага паветра,
праменіцца з ліхтара.*

*Нібы на тонкія пруткі
накінулі залацістую арганзу,
якая ледзь прыкметна калыхаецца,
ствараючы ілюзію плыннасці.*

*Плыннасці часу і прасторы,
залатога і шэрага,
і — нерухомасці цемры,
што акаляе мяне з усіх бакоў.*

Дзень Фердынанда Рушчыца

Менавіта ў час
халоднага ветру
і непазбежна яркага сонца,
калі мокрае вецце
здаецца промнямі святла,
мы маем права
быць нешчаслівымі,
сумнымі,
адсутнымі.

Мы маем права думаць,
што няма ніякай заганы
ў непераадоленай адлегласці,
у неадноўленай памяці,
у неабавязковасці
існавання навідавоку.

І мы можам стаяць
ля касцёла
ці ля царквы,
распусціцца
сваімі тканкамі
ў сонечным мроіве
або плысці
па перакуленых нябёсах
разам з мінулагоднім лісцем,
ведаючы штосьці
пра чаргаванне
руху і нерухомасці.

Менавіта ў час,
калі мокрае вецце
здаецца промнямі святла.

Акадэмія

Памяці У. І. Мархеля

Чысцюткая мана —
сярмяжнасць беларускай нацыі.

Гляджу на паўразбураныя палацы,
асветленыя навальніцамі,
а рука мая сціскае сапраўдны меч,
хай сабе і музейны...

Нашыя арыстакраты
былі такімі ж тутэйшымі,
толькі не ведалі, кім сябе лічыць,
круцілі галовамі направа і налева...

І патрыятызм іх быў краёвы,
бо як ты будзеш любіць
тую Маскву ці тую Варшаву,
раз свае каласы тут,
хоць і пад чужымі сярпамі...

Любілі яны сваё і пра сваё пісалі,
шкада толькі — да пары на іншых мовах...

...У абдымках тваёй каланады
праз усе спекуляцыі часу
далятае мне водгук стагоддзяў
са старонак адноўленых кніг,
і вяртаюцца з неіснавання
намаганнем настойлівай працы
наша знойдзеная класічнасць,
наш адроджаны рамантызм...

***

*Паклала на ваду рукі,
і пад маімі далонямі
ўскалыхнуўся сусветны акіян;
той, што забірае маю памяць,
а мяне запаўняе сваёй:
не адчуваць мінулага,
не прадбачыць будучыні —
хіба не ў гэтым
найвышэйшая асалода
існавання?*

*Цёплая плынь і халодная плынь
у непераадольным імкненні
да гармоніі
то страчваюць раўнавагу,
то зноў набываюць,
а сонца бліскае імпульсамі святла
і прабягае па гэтай бясконцасці хваляў,
па гэтай нязменнай зменлівасці вады,
як усмешка прабягае па твары,
імгненна асвятляючы яго рысы...*

*А неаформленыя словы
коцяцца па схілах аблокаў,
адлюстраваных на яго паверхні,
і паглынаюцца сіняй безданню...*

***

*Птушыныя галасы
запаўняюць гукавыя пустоты,
у паабедзенны час
пачуццё неадольнай дрымоты
апаноўвае, і за ветрам,
што разгортвае ледзяныя трасы,
рухаецца рака,
штурхаючы цёмную масу
вады, і чаіцаў белая пляма
мяняе бесперапынна абрысы
на цынавых хвалях,
дзе чарада мітусіцца.
І патэнцыйны снег
пагражае з асфальтаванага неба,
а ўсё, што належыць вясне,
ператворана ў небыць.
Час ад часу навіслая хмара
расплюшчвае вока
і ліставую мазаіку
высвятляе з паўзмроку.*

*Цёмна-шэрая сюжнасць
выглядае
даволі злавесна,
і трэба мець
сапраўдную мужнасць,
каб уваскрэснуць
у такое надвор'е...*

***
Быць мацней за Арфея —
магчыма, у гэтым шчасце,
толькі ўперад глядзець і ніколі не азірацца.
Кінуць позірк назад — як патрапіць у пастку часу,
як прайсці па-над краем стромкае памяці,
рызыкуючы ўніз сарвацца,

бо тады дзесяць тысяч агоній тваіх,
перажытых нанова,
разарвуць даляглад на мільярды палаючых
промняў...
Выйсці з царства Аіда, каб розум, скаваны дамовай,
прашаптаў: я не помню,
я болей нічога не помню...

***

*Перамена
месцамі складнікаў
мае філасофскі сэнс
у большай ступені,
чым матэматычны.*

*Асабліва
для складнікаў.*

*Хоць сума, безумоўна,
не мяняецца.*

***

Ёсць людзі лёгкія,
як аблокі,
не абцяжараныя зямлёй,
яны ўздымаюцца
разам з ветрам
без засмучэнняў,
без шкадаванняў,
і гэтак проста
плывуць па свеце,
не пакідаючы за сабой
ні сумнай радасці,
ні папрокаў
сваіх нявыкананых абяцанняў.

І я,
спрабуючы зразумець аблокі,
гляджу на неба
блакітны бляск,
дзе абсалютнасць
маіх вытокаў
і — недасяжная легкадумнасць.
Неператварыдзеная адлегласць
між света-бачаннямі
праз нас
наўпрост кладзецца,
але нарэшце
мне больш не горка ад гэтага
і не сумна.

Здзьмуваю
памяць
як пыл з люстэрка,
дзе ўсім адбіткам
адзіны скон,
ёсць людзі
лёгкія, як аблокі,
не мне імкнуцца
ім наўздагон...

***
*Вылецеў з акна
парцэлянавы кубак.*

Яшчэ адна чаіца...

*Аскепкі засведчылі
хранатоп падзення.*

Чаіца на імгненне.

***

*Вада мае здольнасць
прымаць любую форму,
але захоўвае сутнасць.
Гэта — галоўнае.*

***

*Калі я думаю пра цябе,
а ты пра мяне,
дзе сустракаюцца нашыя думкі?*

*...Падступная
шматзначнасць
беларускага "калі"...*

Дажджлівае лета

*Па зямлі —
як па дне ракі,
рукі —
срэбныя плаўнікі —
рассякаюць струмені вады,
і сонца
час ад часу ўзнікае ў палонцы,
што прабіла
праз хмараў ільды.*

***

*Кароль-алень
выйшаў з зараснікаў рапсу,
спыніўся і стаў глядзець на мяне,
а я ўявіла, што гэта ты,
толькі не зачараваны кімсьці,
а па сваёй добрай волі
з'яўляешся мне ў гэтым абліччы...*

*Пазнаць цябе загадкава нязвыклым,
ля возера зарослага на ўзлеску,
пазнаць цябе так небяспечна блізка,
што ўжо нікуды, толькі крок насустрач,
і па вільготнасці вачэй вішнёвых
чытаць твае ласкавыя намеры,
карміць з рукі малінамі і хлебам,
і паслухмянасці тваёй дзівіцца.*

*Пераламленне промняў і адбіткі
святла на твары, на кляновым лісці,
адкуль такая суперадчувальнасць —
убачыць тое, што другім нябачна?
Я праваду цябе між паляўнічых
пад зорным небам да лясной хаціны
і па замовах старажытнай кнігі
вярну тваё звычайнае аблічча...*

***

*...я згубіла белае пёрка ў белых снягах, калі
шукала ягады марошкі, якой ніколі не бачыла,
але чытала пра яе ў саамскіх казках...*

*...я згубіла шэрае пёрка на восеньскім узлеску,
калі рудыя хмызы раптам ператварыліся
ў казуляў і зніклі ў тумановых лагчынах...*

*...я згубіла чорнае пёрка, калі спрабавала запісаць
тваю гісторыю, а папера супраціўлялася,
рвалася і словы падалі ў шчыліны яе разрываў...*

*...я згубіла срэбнае пёрка, калі ўглядалася
ў балтыйскія хвалі, але маё адлюстраванне
болей не адпавядала майму настрою...*

*...я згубіла залатое пёрка, калі ляцела да цябе
праз хмарнае неба, а вакол мяне падалі
палаючыя рэшткі касмічнага карабля...*

...цяпер маё крылле — вітраж з выбітымі
                                        шкельцамі
*у закінутай царкве, дзе ўсё яшчэ
адчуваецца прысутнасць святара...*

*...хто сёння піша маімі пёркамі —
можа быць, ты?*

***

Усе паэты выдумляюць жыццё,
я — не выключэнне.

Але аднойчы,
у поўным людзей касцёле,
на чужой — а можа некалі сваёй — зямлі,
— Божа, дай мне спакою,
які — вось шкада! —
немагчыма выдумаць —
спяваў пад гітару святар
на чужой мове,
у якой я разумела толькі слова "Езу".
Спевы прабівалі столь
і выходзілі ў сусвет,
і я адчула, як Бог
гладзіць мяне па валасах.

У свеце столькі прыгажосці,
нечаканай, як вітанне
незнаёмых дзяўчынак,
прыгажосці, разлітай
у празрыстай азёрнай вадзе,
у знаках на нашым шляху,
у нашых жаданнях,
якія не ажыццяўляюцца
і застываюць
антычнымі статуямі.

Усе паэты выдумляюць жыццё,
я — не выключэнне,
але праўда — у тым, што Бог
час ад часу гладзіць нас па валасах...

Дарога ля катэдры

*Пляцам Волі,
а можа —
гэта пляц Волі Божай,
вечаровы вяртаецца
звон,
каб за колькі імгненняў
даць сваё блаславенне,
абвясціць нараджэнне
і скон.*

*Пляцам Волі,
а можа —
гэта пляц Волі Божай,
ля сусветаў
нябачнай мяжы,
разрываюць
простую лінію
і ўздымаюцца ў неба
крыжы.*

*Я плыву ў запаволенай
плыні
гарадскіх непазбежных
дарог
і прашу,
каб мяне не пакінуў,
каб заўсёды мне
дапамог...*

***

> *El olvido es la única venganza y el único perdón.*
> Horhe Luis Borjes, "Evangelio apócrifo"*

*Толькі так — ад Міранкі да Кромані —
Па шляху ад вады да вады
То між пушчы таропкага гоману,
То мастом дзераўляным над Нёманам,
Што вось-вось разбяруць назаўжды.*

*Хто кіруе тваімі дарогамі,
Да якіх разуменняў вядзе?
Запалоханыя перасцярогамі,
То натхнёныя, то нямоглыя
Спатыкаемся ў звыклай хадзе.*

*Асыпаемся згаслымі зорамі,
Адгукаемся спеўным трысцём,
Адбываем свой тэрмін пакорліва:
Рэчка Белая, рэчка Чорная,
Забыццё... забыццё... забыццё...*

*Па зямлі, прыгажосцю азоранай,
Мы сваё суцяшэнне нясём.
Уздымаемся над прастораю:
Рэчка Белая, рэчка Чорная,
Забыццё... забыццё... забыццё...*

---

*Забыццё ёсць найлепшая помста і найлепшае дараванне.
Хорхе Луіс Борхес, "Апакрыфічнае Евангелле".

Уздоўж ракі

Хіба паэзія — гэта толькі словы, толькі словы ці знітаванасць?

Я проста ішла, бо можна проста ісці, не спрабуючы дасягнуць мэты, а спасцігаючы свет па-за межамі ўласнай абмежаванасці.

І калі я спынялася, рукі, што нарэшце вырваліся на волю з цемры пальчатак, лекаваліся травой і дзьмухаўцовым пылком, а нахабныя галубы падыходзілі зусім блізка і раскрывалі дзюбы ў чаканні хлеба. Я садзілася на цёплы бетон і сачыла за рухам парушынкі, якая не падала, а падымалася ўверх, дзякуючы невядомай мне сіле. І гэта быў не вецер.

Я зразумела шлях ракі і шлях высакавольтных ліній, і мне здавалася, што я ў полі і за шэрагам металічных вежаў бачу перспектыву.

Ісці і адчуваць на ўласным досведзе нелінейнасць часу і прасторы.

Я бачыла вадаспады і дзяцей, што бегалі пад імі, а пырскі ляцелі ў розныя бакі, і гэтая плынь, якая падскоквала на камянях, ачысціла маю свядомасць, мае вочы зрабіліся яснымі, а сэрца спакойным.

Я магла жыць далей.

***

*Звонкаю вуліцай
галасы
выплаўляюцца
з сонечных плыняў,
застываюць
забытымі медальёнамі
там, дзе сціскае цябе за горла
вясна, што набралася моцы.*

*І нічога, акрамя цішыні,
і ніхто табе не павінен
ні празрыстасці неба,
ні блакіту ў блакіце.
Як дзіцячымі цацкамі,
абтрасаючы птушак,
забаўляецца вецер клёнамі,
і вясна, што набралася моцы,
сціскае цябе за горла.*

*Накрывае зялёнымі хвалямі
наваколле, і ты не ўцячэш,
ты не хочаш нікуды ўцякаць
з брыльянцістага раю,
ды сціскае за горла вясна,
і адзіная рэч,
што хвалюе цябе, —
як расціснуць гэтыя пальцы,
вызваляючыся
ад шчымлівага жалю.*

***
*Начныя прагулянкі
па аголеным марскім дне
на памежжы існавання чалавека і рыбіны —
агні горада аддаляюцца, аддаляюцца
і нарэшце адлюстроўваюцца ў вільготным пяску,
у рэштках вады,
якую мора не здолела забраць з сабой.*

*На пругкай паверхні зямлі
мора пакінула след
ці то плямкай пены, ці то целам медузы,
здаецца, менавіта тут яно можа
у любое імгненне выскачыць на паверхню,
або пясок закалыхаецца
і схопіць цябе за ногі.*

*Бездань
робіцца ўсё бліжэй і бліжэй,
бездань,
чые вусны пахнуць ёдам і водарасцямі,
чыё дыханне халоднае і прыцягальнае,
а голас такі настойліва-рашучы,
што немагчыма яму не падпарадкавацца.*

*Гэта мора адкрывае сваю глыбіню.
Яно адступае,
каб даць табе шанец
зразумець яго сутнасць,
калі ты паспееш,
калі хопіць табе часу,
пакуль мора не вырашыць вярнуцца
і накрыць аголеныя берагі
брабанцкімі карункамі пены.*

*Спяшайся,
пакуль ноч міргае вачыма караблёў
на памежжы існавання чалавека і рыбіны.*

***

*Тужлівасць восеньскіх лясоў,
мая заўсёдная датклівасць...
Я пражываю немагчымасць
пераадолення наступстваў
недасканалых летуценняў,
раскрытых вокнаў, чысціні паглядаў
і верасня, якому больш не адбывацца.*

*Такая выпісанасць сноў
істотаў паднябесных і нябесных,
такая далеч у вачах балесных,
недасягальная ў звычайныя хвіліны,
што, можа быць, адзінае — скарыцца
святлу і суму, колерам і цішы —
найлепшае з усіх магчымых выйсцяў.*

*На сэрцы неагучанай зямлі
стаіліся туман і прахалода.
Якая прыцягальная нагода
для кардынальнай змены накірунку,
каб — для Бог ведама якога паратунку —
сысці ў лясы як партызан-падлетак
таемнай сцежкай павучыных гнёздаў...*

І слухаць шэпт апалых лісцяў
                    "позна, позна"...

Вечар

*Кропля расплаўленай медзі
прапаліла блакіту бязмежнасць.*

***

*Выбегу ранкам з бабулінай хаты,
залезу на дах "шалашыка"
і гляджу на выжар у сонечных промнях...*

Я ведала абсалютна дакладна — гэта шчасце.

*І я пачала пісаць, бо мяне перапаўняла
захапленне прыгажосцю свету.
Я працягваю пісаць,
бо побач з усімі іншымі пачуццямі
мяне ўсё роўна час ад часу
перапаўняе адчуванне прыгажосці свету.*

*Кроплямі расы,
дакладней кропелькамі,
вышываецца раніца бісернага павуціння —
ар-дэко не на шыях прыўкрасных дам,
не на іх аголеных спінах,
а між травы, між калючак чартапалоху —
увасабленне чыстай красы
ў перламутравай плыні туману
на канве лугавіння...*

*Час, які прамінуў,
час, які яшчэ толькі павінен узняцца,
нехта ўжо нарадзіўся,
нехта толькі блукае ў сусвеце
між вайной і вайной,
між раскошаю і жабрацтвам,
непарыўная тканка жыцця
зацырує сляды ліхалецця,
і сляды адыходзячых сноў,
і сляды адыходзячых крокаў...*

*Так на травах маленства майго,
на шляхах перакрэсленых лёсаў
вышываецца дзень, што нясе
летуценняў забытых няўлоўнасць,
дзе любая мяжа — толькі ўмоўнасць.*

*Павуцінавы вэлюм на твары зямлі пакрысе
зноўку стане нябачным, росны шклярус растане
ад настойлівай ласкі прамення,
пакідаючы толькі ўспамін,
толькі крохкасць пражытых імгненняў*

шчасця ранішняй кавы...

***

Хлеб — гэта выспа,
зямля, што плыве
ў тумане маёй памяці.

Адломваю ад яе лусты
і апускаю ў малако, а пасля,
калі паабедзенная цішыня
распускаецца ў гарачым паветры лета,
падарожнічаю па архіпелагу
самых смачных успамінаў...

...плошча ў мястэчку,
стары аўтобус кранаецца з месца,
за акном праплывае замак з чырвонай цэглы,
у нашых руках — хлеб з крамы ля аўтакасы...

...дарога з музычнай школы,
галодныя вочы і хлеб,
ад якога даволі хутка
нічога не застаецца...

Лусты ўспамінаў,
адламаныя ад гэтай выспы, —
архіпелаг, што ўзвышаецца
над марнасцю быцця.

***
Жніва...
І зноў жніва...
Я вырасла ці не?

Такая ж спёка, пах ігрушаў спелых,
у нерухомасць сцішаных палёў
спускаюцца сталёвыя чужынцы,
зганяючы падрослых алянятаў
і разбураючы гняздзечкі перапёлак...

І ты бяжы туды,
дзе страцяць каласы сваю адзінкавасць
іператворацца ў адзінства сыпучай плыні,
бяжы туды, дзе не пакіне
цябе ўспамін шчаслівага дзяцінства.

Бяжы туды, дзе рухаецца свет
па штогадовым паўсядзённым коле,
каб свята працы разам святкаваць
і, спрацаваўшыся за ноч,
заснуць пад раніцу
на ўзгорках цёплых зерня...

Жніва...
І зноў жніва...
Я вырасла ці не?

Тады адкуль такая
на душы ўрачыстасць,
нібыта я нанова спасцігаю
хаду жыцця
і свету хараство?..

**

*З якіх часоў тут засталіся яблыні,
чыя клапатлівая рука дала ім жыццё —
да барбарскага прышэсця горада ці пасля? —
яблыні каля нашай школы
паступова паміраюць,
але ўсё роўна жывуць больш за тых,
хто іх пасадзіў,
за тых, каму належала зямля
іх карэння.*

*Мы таксама гадаваліся на тым беразе,
на месцы вёсак зруйнаваных —
дзеля чаго? —
маліну зрывалі
ля апошніх разбураных хатаў,
крапіва апякала голыя ногі,
і ніхто не лічыў сябе вінаватым,
мы проста раслі з ключамі на шыі,
мы былі яшчэ надта малыя,
але хіба мы выбіралі
дзе нарадзіцца?*

*...Пасля дажджу мокры асфальт
вяртае сонцу яго праменне,
злучаюцца над зямлёю
дзве сустрэчныя плыні;
восень, адсутнасць сэнсаў,
так непазбежна гіне
лісце юнацтва,
з дакладнасцю да наадварот
змяняецца ўспрыманне
свету...*

*Толькі яблыкі, рассыпаныя па шашы, —
падарункі з чужога мінулага —
нічога сонцу не вернуць,
будуць трымаць апошняе лета,
час, ясналікую памяць
у схованках сваёй плоці,*

перадаваць яе далей,
каб папярэдніх жыццяў падзеі
мы маглі адчуваць цераз дотык паветра.
Я не адмоўлюся ад надзеі,
што так і будзе,

пакуль карагод зеленатварых яблыкаў
акрэслівае чароўнае кола
маёй абароненасці...

***

Жоўта-блакітныя віхуры
зацягваюць паветраныя плыні
ў віры бясконцасці,
выштурхоўваюць на паверхню аблокі памяці,
між крутаверцямі заціскаюць
мае непрацяглыя радасці.
І што, ва ўсіх імавернасцях
я — толькі адна з пераменных?

Жоўта-блакітныя зоры
пульсуюць над кіпарысамі,
знічкі залатакосыя
спапяляюцца над магіламі,
чорных узгоркаў грамадзіна
навісае над сонным горадам,
толькі душа не спрабуе заснуць
і, беспрытульная, месціцца
там, дзе горныя схілы
ловяць адбіткі чырвонага месяца.

Ультрамарынавы сон
паглынае апошнія ўздыхі
тых, хто заснуў назаўжды
ці для іншых страціў аблічча,
або тых, хто пайшоў цераз плазму начы,
аздобленай воляй вядомага ўсім сцэнографа,
падзяляючы гэты сусветны боль
з глыбінёй далягляду
ў нястрымных віхурах спірографа.

***
"Што за нікчэмнасць гэты Тэзей!" —

Арыядна ў роспачы
пацягнула за нітку далягляду,
і клубок зямлі
пакаціўся ў невядомым напрамку,
а зжаўцелыя бярозы
заматляліся,
як купкі сухой травы...

Ну і хто будзе вінаваты,
калі нітка парвецца?

***

*Парудзелае лісце каштанаў
абвяшчае працэс памірання лета.
Гэта як ініцыяцыя наадварот,
і я наўпрост адчуваю,
як павышаецца шчыльнасць паветра,
двары запаўняе туман,
тумановай субстанцыяй агорнуты душы.
Апатыя намотваецца, як нітка на калаўрот.*

*У эпілогах раманаў звычайна пішуць:
"Прайшло... немаведама колькі год".
Ну вось і прайшло, і што?*

*Рудая трава, ruduo, rudens —
той выпадак, калі корань слова
выходзіць за межы слова —
мост перакінуты да ўзбярэжжа марскога,
агульны корань прыкметы
адгукаецца балцкім субстратам
маёй беларускай крыві.
Я чакаю пераўтварэння часу,
але гэта не ёсць самамэта.
Засынаць — прачынацца, засынаць — прачынацца...
Трансфармацыя восеньскага краявіду ў зімовы
пралягае праз лічбу "пятнаццаць"
і заўжды заспявае знянацку.*

*Іншым разам здаецца, што цемры наўкола
патрабуе сам час.
І святла ў глыбіні пакоя.
Хоць, напэўна, дарэмная справа
высвятляць прыхаваныя контуры рэчаў,
калі вецер праз вулкі мястэчак спусцелых
выдзімае адчай,
а памяць пра цябе ажывае ў маёй днк.*

"Ты", "ты", зноўку "ты" — звар'яцелы займеннік,
без якога ніяк немагчыма заснуць.

*Можна толькі змірыцца,
што цябе ніхто не замяніць,
і — спрабаваць жыць далей.*

*У неба ісці
па замеценай першым снегам галіне
ці адкрываць далягляд
невядомых дагэтуль абшараў,
дзе холад, каменне і лёд,
і белыя палярныя совы
залятаюць у разрывы хмараў.*

А ў дзюбах прыносяць падарункі на Новы год.

***

*Ну вось,
нарэшце я знайшла
таго самага вершніка.*

*Вершніка, што выплываў з мярзотнай слаты,
сонца лавіў і сонечным промнем
кранаўся твару, быццам казаў мне: ты
не павінна баяцца, вер у свае сілы,
як я веру ў тое, што недзе ёсць
Бог і што трываласць не ёсць прыкметай
часу, бо рана ці позна час спапяляе
горыч і штурхае да новай мэты.*

*За вершнікам я назірала з акна
прастакутніка са стосам папер,
не патрэбных нікому,
адтуль, дзе мая душа
разрывалася ад безнадзейнасці
ці ад недахопу веры.*

*А ён імкнуўся часам на захад,
а часам на ўсход,
у залежнасці ад ветру мяняў накірунак,
ён быў проста флюгер,
але ён заўсёды быў
у адрозненне ад многіх,
хто мне абяцаў ратунак,
хто мне чаго толькі не абяцаў,
а ўрэшце знікала ўсё,
і толькі з туману
вершнік упарта ізноў ды ізноў выплываў
каб мне нагадаць:
трымайся, Аксана!*

Ілюзія

*Паверхняй мора
бляшаны дах
праз шыбу акна,
праз лісце каштанаў
асляпляе ілюзіяй
адкрытай даты,
незавершанага лета,
магчымасцю лётаць
па птушыных шляхах,
ігнаруючы перашкоды,
неістотныя
для стварэнняў крылатых.*

*Адчыняю акно,
і вочы плачуць
ад яркай вады,
ад ветру, што скача
па хвалях уяўных,
што падхоплівае
ўвесь гэты бляск
і з сабою няся,
каб ілюзіяй гарманічнасці
рассыпаць па даляглядзе...*

*Відавочна, сёння
я і мой навакольны свет
будзем суіснаваць
у адпаведнасці
з пактам аб ненападзе.*

***

*Камяні, раскладзеныя
па посціцы змененага краявіду,
зацягнуліся пацінай снегу.
Падарожнікі ў часе,
магчымыя сведкі паўночнага ззяння,
завяршэння ледніковага перыяду
ля зааранай дарогі Сімакава — Любна.*

Я занадта канкрэтызую, так?

*Так, бо раптам нехта забудзецца,
і краявід стане настолькі абстрактным,
што больш не будзе мець значэння
ні месца, ні мясцовасць,
толькі шматблічная цішыня
і велічны холад
затуляць камяні сваімі далонямі,
як некалі асілкі, што раскідалі іх
па нашай зямлі.*

*А можа, паціна
стане настолькі густой,
што зацягне ўсё наваколле...
Як тады мы вернемся дадому,
не знаходзячы болей дарогі
Сімакава — Любна?*

*І я задумалася пра існаванне рэчаў,
пакінутых без нагляду,
сам-насам з холадам, зімой, ваўкамі,
у хатах, замкнёных па завяршэнні сезона,
пад аховай заледзянелага саду.*

*Я паспрабавала ўявіць,
як ранішняе святло
праточваецца праз завешаныя фіранкі
і пасля штодзённага шпацыру
па сценах, па маіх кнігах
ператвараецца ў прыцемкі,*

*як запальваецца адзіны ліхтар
на ўскрайку пустой вуліцы,
асвятляючы дарогу лесарубам,
што цяпер гаспадараць у наваколлі.*

*Як мы вернемся дадому,
калі яны высекуць лес?*

*Я адчуваю пах дыму,
што праплывае над снегам,
і пах сасновых ігліцаў,
і пах смалы на ссечаных галінах...*

*Але я — у горадзе гарадоў
захінаюся цёплаю хусткай
ад паўночных вятроў,
спалучаю рэальнасць таго, што недзе,
з ілюзорнасцю таго, што тут,
спасцігаю трэцяе вымярэнне,
пракладаючы новы маршрут
між касмічных прастораў
родных зычных і родных галосных,
назіраю як з дахаў спаўзае снег,
разумею — адлегласці сэнс
вельмі адносны.*

*Вартае толькі тое,
што назаўсёды з намі.*

Між сваімі і чужакамі.

Канец зімы

В. Паўлаўцу

1.
Мокрым
па мокрым лісцѐ зямлі —
акварэль
злоўленых промняў,
вецер сваім
мэтанакіраваным подыхам
змешвае фарбы з вадой,
сонца са снегам,
адлігу з самотай.
На мокрым лісце зямлі
застаецца чаіцы цень
абламанай галінай,
а чаіцы крык
праціпае аблокі
над горадам,
далёкім ад усякага мора.

2.
Сінія словы вясновай вады
ажыўляе рака,
і на месцы судакранання
са светла-шэрымі словамі неба
белыя словы чаіцаў
рассыпаюцца па складах
між працяжнікаў
апошняга лёду.

Намацваць шлях...

Мастацкасць тумановых краявідаў,
дзе дрэвы ў шэрым на сівой паверхні
зямлі нагадваюць з'яўленне сілуэтаў
падступных непрадбачаных нашэсцяў,
а мора так трымае абарону
ад надакучлівых чужых абдымкаў,
што да яго ніяк не падступіцца
без рызыкі самой быць паглынутай.

...У ракавіне, кінутай малюскам,
мы паплывём праз глыбіню туману,
знаходзячы патрэбныя маршруты
па ледзь прыкметнай цьмянай
кропцы сонца. І будзем доўга
углядацца ў далеч,
халоднай дыхаць вільгаццю
і раптам
адчуем набліжэнне акіяна...

Туман, туман — душа без парыванняў,
матэрыя, свабодная ад фарбаў,
увасабленне золкае самоты,
спрыяльнай для палётаў уяўлення,
для нараджэння незвычайных формаў,
распушчаных у шэрай таямніцы,
каб быць пасля сабранымі па кроплях
і злучанымі сілаю натхнення.

...Намацваць шлях...

***
*Промні-нажы вакол майго сілуэта
уваходзяць у мяккую сцяну драўлянага дома,
да якога я прыціскаюся, каб мае капіляры запоўніліся
любоўю, што саграваласа мяне ў дзяцінстве,
арганічнасцю існавання
разам з дрэвамі, травой, яблыкамі ў траве.
І калі нехта шукаў праўду быцця,
то яна была тут.*

*Колькі разоў абнаўляецца кроў за жыццё?
Кожнае абнаўленне сцірае з нашай памяці
самы ніжні пласт. Ці верхні?
І што адбываецца,
калі яна перастае абнаўляцца?*

*Мае думкі заўсёды блукалі
па нейкіх паралельных сусветах,
але непазбежна вярталіся да коміна,
распаленага ў восеньскіх прыцемках.*

*О, тыя нешаляваныя сцены, я памятаю вас...
Як памятаю першыя прачытаныя словы.*

*А сонца, кідальнік нажоў, працягвае свае гульні
ў свеце, які не паддаецца дэканструкцыі.*

Можа, таму яго спрабуюць знішчыць?

***

> *vinduet på kjøkkenet*
> *vendet mot fjorden og veien*
> *min mors mor speiler seg i*
> *vinduet*
>   Hege Siri, "Vindu"*

Акно кухні глядзіць на дарогу і лес, мама маёй мамы не ведала нават, што дзесьці існуюць фіёрды (тады я таксама нічога пра іх не ведала, затое ведала пра Гаспадыню травы і Аканійдзі). Ніхто не спяваў ёйк** у беларускім лесе. І алені не хадзілі пад нашымі вокнамі, тут ніхто не гадаваў аленяў. Я ведала, што холад становіцца белым ядлоўцам, што ягель прарастае праз сцены. Мама маёй мамы прыручала агонь, каб доўгай зімой я магла хавацца на печы між залатых вянкоў цыбулі і чытаць саамскія казкі.

...белы снег плач не плач
голас твой не пачуе неба...
    Аканійдзі, маці сваёй дачка
...золата знікла твань затрымцела
што за бяда тваю песню скруціла...
    Аканійдзі, маці сваёй дачка
...слабасць чужая сілу тваю забірае
сквапнасць чужая звязвае горш за кайданы...
    Аканійдзі, маці сваёй дачка
...толькі ўсё роўна сонечны промень
непадуладны памкненням зласлівым...
    Аканійдзі, маці сваёй дачка

Акно кухні гэтаксама глядзіць на лес, што падышоў да самай хаты, і на дарогу да фіёрдаў, па якой сышла мама маёй мамы.

---

* *акно кухні / глядзіць на дарогу і фіёрд / у акне адлюстроўваецца маміна мама. Хеге Сіры, "Акно".*
** *Традыцыйны саамскі спеў.*

***

Зімовы дзень у шуканні абсалюту
прытуляецца да халоднай шыбы,
а я прытуляюся з другога боку,
каб адчуць рознасць унутранага і знешняга.

Маё спаралізаванае горла —
скрынка з мёртвымі гукамі,
клетка ўвязненых калібры,
што б'юцца за нектар
запунсавелага маку.

Падтопленая промнямі
лінія далягляду
крышыцца і правальваецца
ў пустоты між будынкамі.

Снежныя рэкі сцякаюць па дрэвах.

Немагчымы крык
прымае форму сонечнага святла,
падпаўзае да маіх пальцаў
і накрывае іх цёплай нябачнай даланёй.

Нешта застанецца, я ўпэўнена,
нешта ад усяго гэтага застанецца.

Мажліва, згадкі аб кіпцях калібры,
а мажліва, упартае сонца,
што хапаецца за дрэвы, каб утрымацца
і не даць зацягнуць сябе за далягляд.

***

*Дзіўныя, дзіўныя дні,
расцягнутыя, як транспаранты,
пасля іх знімуць і выкінуць на сметніцу,
і ніхто іх не знойдзе і не будзе шукаць.*

*Дрэва болю ўкаранілася ў сэрцы
і пайшло расці па ўсім целе,
аплятаючы галінамі артэрыі,
прарастаючы праз мышцы —
жывая матэрыя праз жывую матэрыю.*

*Што я магу сказаць гэтай жанчыне
пра жыццё, якое нікому нічога не гарантуе,
тым больш захаванне самога сябе?*

*Што я магу сказаць гэтай жанчыне,
якая чакае, але не дачакаецца.
Супакоіць яе тым, што яна і дух, і душа?*

*Я кажу: нішто не прадвызначана —
ні слова, ні водгук.
А яна кажа: прадвызначана ўсё.*

*Доўгія, доўгія дні,
расцягнутыя, як транспаранты,
пад запаволеным падзеннем снегу.*

Што я магу сказаць гэтай жанчыне?

*Прысутнасць важней за словы,
нават калі мы ведаем: у пэўны момант
снег пачне пралятаць праз шкло
і запоўніць увесь пакой.*

***
Дрэвы сыходзяць.
У вечаровай смузе — лісце на плечы —
неверагодна ціха.
А ты пішы. Супраціўляйся тузе.
І вучыся дыхаць...

Пішы. Спасцігай
неабходнасць росту,
каб раптоўна пераканацца —
памерці так проста.
Выгляд рабі, быццам не чуеш,
што адступіць — мудра,
што павярнуць неіснаванне
супрацьлеглым бокам —
лёгка, калі ўсё навокал супраць.
Пішы. Хоць паэзія —
толькі сведка зацятая,
што не заўсёды нават
знаходзіць смеласць сказаць праўду,
але менавіта яна — невінаватая.
Хоць верш — толькі сведчанне,
толькі жыцця падсвечванне,
хоць усё роўна любая дарога завершыцца
асобы каменным пасведчаннем.
Нажніцы вуліцаў
разразаюць тканіну горада як паперу.
І верш калі-нікалі
бывае гатовы памерці за веру
ў асэнсаванасць...

І дрэвы сыходзяць
у восеньскі змрок —
непакаяныя паломнікі.
Засынай,
а дожджператворыць
краявід за акном
у кадры старой кінахронікі.

***
Прадчуванне дажджу захоплівае неба,
неба, што зрабілася цямнейшым за лён,
які ўжо выцягнуў зялёнае цела
на дастатковую даўжыню,
каб сваімі блакітнымі пялёсткамі
паказытаць хмару.
А можа, гэта хмара апусцілася занадта нізка?

Званочкі звіняць, што дождж ужо блізка,
што завяршаецца заваёва нябёсаў,
і гэта — самая галоўная падзея
сённяшняга дня.
Гэта проста жыццё ў цішыні,
калі толькі гром і ніякіх гукаў,
ніякіх крыкаў за вокнамі,
толькі ластавак палахлівыя цені
выдаюць прысутнасць іншых істотаў.
Вінаград абвівае дрот
і раскідае ў розныя бакі парасткі,
што спатыкаюцца аб адсутнасць апоры
і матляюцца непрыкаяна.

Уплятаюцца ў сетку ніткі травы і сцяблінкі суніцаў,
зрастаюцца з ёю — з нежывым — жывое.
Час увасабляецца ў нежывых рэчах,
займае месца ў шафах, на кніжных паліцах,
а сам адыходзіць, пакідаючы пранізлівы сум
завяршэння жыцця — свайго і чужога,
калі здаюцца нязначнымі і няважнымі
адарваныя ручкі ў шафе, пагнутыя цвікі,
паштоўкі, лісты, старыя манеты.
Увесь гэты скарб... якога недаравальна многа...
Аднойчы я перачытаю старонкі напісаных ім кніг,
перагляджу яго фотаздымкі, ведаючы,
што ўсе яны непазбежна знікнуць,
ператворацца ў цемру начную...

А пакуль я проста гляджу на ваду —
нябесную і зямную.

***

Ціхія дзеці кляновага парку,
Ціхія цені пад восеньскім сонцам,
Цёплыя водбліскі фарбаў няяркіх...
Хто мне падкажа, дзе тая дарога,
Хто мне падкажа, дзе агароджа,
Дзесьці за дрэвамі ціхія крокі,
Там па-за часам дзесьці ў паўзмроку
Крокі без мэты, крокі без зроку.

Дзесьці за дрэвамі гучная ціша,
Ціхіх дарослых крывыя абрысы,
Хтосьці схаваўся і ўратаваўся,
Хтосьці зайшоў і нікуды не выйшаў.
Хто мне падкажа, дзе тая дарога,
Што спатыкаецца раптам аб сцены...
Хтосьці за дрэвамі з тварам нязменным,
З шапкай такою ж, як у Ван Гога...

Ціхія цені ходзяць паволі,
Быццам па крузе, быццам па коле,
Быццам малююць няўмелыя рукі,
Толькі малюнкі хочацца сцерці,
Ціхія фарбы, ціхія гукі
І адчуванне рэальнае смерці.

***

Вясна
рукамі сонечных промняў
адчыняе вокны наросхрыст,
гладзіць стрыжаныя макаўкі
тыфозных дрэўцаў.

А мае кволыя рукі
не падымаюцца ёй насустрач.

Адзін паэт напісаў:
"Verrà la morte e avrà i tuoi occhi"*,
другі паэт пагадзіўся:
"Это ведь всё враньё — череп, скелет, коса...
Смерть придёт, у неё будут твои глаза"**...
Але смерць не мае вачэй.

Горад заціснуў у кулак
нашыя разарваныя нервы,
і толькі гэта нас трымае,
расцісне — і мы рассыплемся.

Як табе дапамагчы?

Між промнямі заходзячага сонца
снуюць чаўнакамі
ружова-памаранчавыя чаіцы,
слухаю мелодыю ветру,
што перабірае жалюзі, як клавішы.

Абыякавасць, боль і прыгажосць...

І мы, расціснутыя
ўласнай бездапаможнасцю.

---

* Ч. Павэзэ, "***Прыйдзе смерць і будзе мець твае вочы..."
(C. Pavese, "***Verrà la morte e avrà i tuoi occhi...").
** І. Бродскі, "Нацюрморт" (И. Бродский, "Натюрморт").

***

     М. і В.
*Там, наперадзе,
за сцяной ці чароту ці вербалозу, —
цёплае вільготнае паветра
нечаканай начной ракі —
яшчэ не знойдзенай,
але ўжо ўсвядомленай.
Мы адчуем скураю яе блізкасць,
будзем дыхаць яе подыхам
радавацца гэтаму адкрыццю,
разумеючы сэнс
нашай прысутнасці тут.*

*І мы надрукуем нашыя вершы
на пустым восеньскім пляжы,
а дробны густы пясок
панясём прэч на сваіх чаравіках,
і чаравікі здадуцца быццам
абсыпаныя манкай.*

*А дождж запаволіцца настолькі,
што перад тым, як упасці,
кроплі спыняцца ў паветры,
дождж будзе выплёскваць словы,
прыналежныя розным мовам,
але злучаныя адзіным сэнсам*

річка
   fiume
      рака
         rijeka

*што мы ведаем пра твае хвалі,
пра твае крывавыя берагі,*
    *далёкія і блізкія...
...пра вайну і пра мір...*

*Ой, рэчанька, рэчанька,
дай нам хвіліну спакою.*

**

*Святло і цемра
балансуюць на лініях правадоў,
нацягнутых над праспектам
на цёмным фоне згаслых будынкаў.*

*У гэты момант
ззяюць асабліва ярка гронкі ліхтарняў,
а іх промні гайдае пранізлівы вецер.*

*Промні ліхтарняў
рухаюцца, калі стаіць
паралізаваны трафікам горад.
І надыходзіць момант,
калі перавагу атрымлівае
ранішні морак.*

*Спачатку адключаецца
адзін бок праспекта,
потым другі, і вось ужо
прыцемак пануе паўсюль,
цёмныя вуліцы, цёмныя людзі...*

*Ты верыш у перамогу святла?
А яна такі будзе!*

***
Мы крышымся.

*Над намі цішыня,
над намі студзень
сонечным убраннем
зімы амаль паўднёвай,
туманом ласкавым ранне
да нас прыходзіць па траве зялёнай,
і толькі рэшткі снегу дзесь на дахах
як сведчанне зімовых апранахаў.*

*І богаўкі на сонечнае шкло
са схованак нябачных выпаўзаюць,
не да канца ўсведамляючы жыццё,
спыняюцца ў спакоі задуменным...*

*На вуліцы па тэракотавай сцяне
касыя промні, блікі, цені дрэваў
сплятаюцца ў арнамент выцінанкі.*

*Чужыя крокі адбіваюцца ў каменным
атачэнні чалавечых душаў,
дзе нехта вечна сочыць праз фіранкі
за навакольным светам
і за намі.*

Мы крышымся.

***
Адкуль ты тут, Джонатан,
сярод тлустых серабранскіх качак,
гарлапаністых варон,
дробных рачных чаіцаў?
Дакладней, не сярод, а над.

Я пазнала размах тваіх крылаў
і тваю жоўтую дзюбу
над лініяй стыку рачной плыні
з тонкаю плёнкай лёду,
дзе іншыя раздураныя птушкі
выпрошвалі ежу,
а ты пільнаваў нябесную вышыню.

Адкуль гэтыя
палёты над нашым горадам,
над нашым зрэбным зімовым горадам,
разгон і лунанне,
срэбра золата алюміній латунь
цені хмараў, прабітыя
сонечнымі промнямі,
што падаюць табе на крылы?

Магчыма,
гэта толькі размінка
на шляху ад мора да мора,
а можа быць,
ты праляцеў над маёй галавой,
каб я не забылася,
дзеля чаго нам дадзена неба?

Я пазнала цябе, Джонатан.

***

Сонца не раз і не два
перабірае лапамі, як кот,
тупае па маім жываце,
а рыжыя кацяняты
скачуць
па срэбных дырыжаблях ды аблоках,
з акна на акно,
далей, далей, туды,
дзе за лініяй далягляду
трапляюць у пастку
і сядзяць там да наступнага дня,
пакуль заход сонца адбіваецца
светлай плямкай
на супрацьлеглым баку неба,
а мая вечнасць
падарожнічае
па адваротным баку месяца,
і калі ён узыходзіць —
самы час адчуць сваю смяротнасць.

Нават краіну, пра якую
я столькі думаю,
я не забяру з сабой,
і крыўду, пра якую столькі пісалі,
я не забяру з сабой.
Што ж тады мае сэнс?

"Спі", кажа мне месяц,
набліжаючы твар да зямлі,
углядаецца пільна ў рухі
стварэнняў зямных,
перанесеных з іншых планетаў,
вывучае па іх абрысах
гісторыю перасялення
                        душаў.

"Спі", бо рэальнасць гэтай краіны
меншая за вечнасць.
Гэта таксама праўда,
і аднойчы ты пяройдзеш мяжу,
за якой яна страціць значэнне.

***

> *O graziosa luna...*
> G. Leopardi, "Alla luna"*

Маяком на ўзбярэжжы аблокаў начных,
гнаных ветрам з усходу на захад,
Поўня плынным святлом пасылала свой крык
караблям і адрынутым душам.
І глядзела мне ў твар,
            і раптоўным павевам уздых
белай хваляю цемру парушыў.

Што ты ведаеш, Поўня,
пра гэтых няшчасных людзей,
што ты ведаеш, Поўня,
пра іх запаветныя мары?..
Толькі сон
        супакойвае прагныя пальцы,
якімі за рэшткі надзей
той, хто падае ў бездань,
               працягвае ўпарта чапляцца…

А ты не даеш заснуць.

Агарні ж ты мяне
            белатканым святлом
між начных дзьмухаўцоў,
што ў траве як маленькія поўні,
я пайду на твой заклік
даведацца штосьці з высноў
               пра сябе і пра свет,
я пайду на тваё прыцягненне,
                  ўсяведная Поўня.

---

* "О, чарадзейка Поўня…". Дж. Леапардзі, "Размова з Поўняй".

На замкавым возеры

> *Светлай памяці Зоі Іванаўны*
> *Ёч*

Наплакацца на беразе тваім
За тых усіх, каго вада забрала,
За тых усіх, каго вайна забрала,
Каго ніколі болей не пачую,
Наплакацца і за сябе самую,
За ўсё, што згадкаю далёкай стала,
Але ёсць Мір, і гэта ўжо нямала,
Але ёсць сонца па-над сподкам срэбным,
Ёсць штосьці важнае, што для мяне нязменным
Было заўсёды і заўсёды будзе.

І ўсе мы, раскіданыя па свеце,
Калісьці вернемся да нашых родных хваляў,
Да глыбіні адчайнай і празрыстай,
Куды плывуць адлюстраванні вежаў.
Зямлі маёй душа і незалежнасць,
Маё карэнне і мае нябёсы —
У гэтых замках, што паўсталі проста
Сярод палёў ахоўнымі мурамі
І што заўсёды і паўсюль ідуць за намі.
Ля іх — маё святло і мой ратунак,
А некалі — апошні мой прытулак.

***

Pamiątka Służby Wojskowej, Toruń*
(Надпіс на дзедавым фотаздымку)

Партрэт Пілсудскага,
аэрапланы ў дымным небе,
анёлак побач з бомбаю і шабляй —
у гэтых нескладаных атрыбутах
зашыфраваныя маршруты міжваенных
шляхоў і нечаканых паваротаў лёсу.
Пра што не дадзена даведацца ніколі,
а можна хіба толькі здагадацца...

Уявіць туманны ранішні гасцінец,
плячыстых хлопцаў, што ідуць на захад,
каб дзесьці потым у далёкім краі
чужой радзіме прысягаць на вернасць.
І слаць лісты, і памятаць пра мову
сваю, адзіную, якой няма замены,
і без якой забудзешся навечна
пра тое, хто ты ёсць на гэтым свеце.

...Стаю насупраць торуньскіх казармаў,
інакшым шляхам і з інакшай мэтай,
так выпадкова і зусім невыпадкова,
праз час і праз жыцця закальцаванасць
прачытваю гісторыю праз лёсы
маіх дзядоў, што на мяне з нябёсаў
глядзяць з прасветленай усмешкай тых,
хто змог вярнуцца да бацькоўскай хаты...
...жаўнеры Войска Польскага...
            ...Чырвонай арміі салдаты...

---

* *Памяць аб вайсковай службе, Торунь.*

Восеньская раніца

У пясочным гадзінніку
шклістага паветра
золата неба перасыпаецца
ў золата восені.

Я таксама прайду па ўзараным полі,
мой след застанецца
між слядоў казуляў і лісаў,
па мяккай-мяккай зямлі
праплывуць майго ценю абрысы
да самага ўскрайку леса.

Час спрабуе вярнуцца назад,
пераскоквае праз канавы з апалым лісцем,
час спрабуе нешта згадаць,
адшукаць у аддаленых схронах,
забывае сумненні, здымае праклёны,
выпускае ластаўкі памяці ў цёплы вырай,
адпускае з далоняў выратаваных
птушак, якія ўжо маюць сілу,
сустракае аленяў лясных,
што прыйшлі абжываць наваколле...

Ліставей, лістасвет, лісця свет
над імшанікам, над ігліцаю...

І, магчыма, я зразумею, нашто
і як запаўняецца форма,
як чапляюцца словы адно за адно,
як змагаюцца за месца пад сонцам,
як штурхаюцца і —
выштурхоўваюць непатрэбныя.

І — магчыма — змагу расказаць,
за які даляглядз вядзе інтуіцыя.

Дарога да Васілісы

Напэўна вясна, напэўна
пялёсткі ігрушаў-дзічак
леглі ланцужкамі ўздоўж дарогі,
выцягнуліся аж да самага лесу,
у нетрах якога прарастае трава-кісліца,
а мурашкі выбудоўваюць новыя хаткі.

Тэпайце-тэпайце, ножкі малыя,
спасцігайце радасць быцця
разам з апалонікамі,
што мільгаюць у чыстай вясновай вадзе.

Дзве жанчыны —
старэйшая і маладзейшая,
лесам, лесам, а там за лесам —
хутар у квецені саду.

І сонца будзе высвечваць
кожную плямку на шыбе акна,
насычаць фіранкі залатым пылам,
потым пыл закруціцца па хаце,
калі швачка Васіліса
дастане з-пад швейнай машыны
скарбы тканінаў,
аддасць гатовую сукенку
і россыпы лапінак.

Назад ізноў праз лес,
праз жаўруковыя палеткі.
З пагорка відаць замкавыя вежы,
а наперадзе яшчэ дваццаць гадоў
жыцця разам.

***
*Нерухомасць прыносіць збавенне.
Плынь рассыпаецца на тры залатыя паскі,
кожны кладзецца ў сваім накірунку.
Прайдзі па іх, як хадзілі даўней, —
і на ўзбочыне свету красуюць краскі,
толькі іншага колеру.*

*Нерухомасць таксама стан,
і даволі просты,
яго дасканаласць хаваецца
ў глыбіні блакіту.
Але ты ўмееш бачыць прыгажосць
нават з заплюшчанымі вачыма,
і калі вецер падхоплівае пыл
тых самых стагоддзяў
і штурхае цябе ў спіну,
ты адчуваеш скурай
яго памкненні
ля старой патрэсканай ліпы.*

*Нерухомасць як дар,
якім паспей скарыстацца,
яго хуткаплыннасць
можна толькі адзначыць
па разрастанні зялёнай
масы, затое ёсць перспектыва
стаць голасам,
які жыве сам па сабе,
і як вялікую ўдачу
слухаць птушыную радасць,
што далятае з адкрытых балконаў.*

І ёй адгукацца.

Пачатак сезона

*Водар нагрэтай смалы
ад пасечаных сосен
ля чыгунных крыжоў.*

*Коміны выдыхнулі
белы дым на вішні,
ружовы дым на яблыні.*

*Паляцелі пялёсткі
на магілы, прыбраныя
пад Радаўніцу.*

*Фантазіі ветру і дыму
рухаюцца па сцяне адрыны,
рэптыліі раслінаў
вылазяць з-пад карчоў.*

*Пліскі радуюцца
ўзараным гародам
пад першым травеньскім дажджом.*

*Заход сонца — агменем
вернутага дома,
ліхтар палівае вішні
чырвонай пяшчотай.*

*Спілаваная бяроза
за тыдзень выпрастала лісце —
нават у памерлым целе
жыццё спыняецца не адразу.*

*Амаль ва ўсіх хатах
запалілася святло.*

Травень

Дзень пачынаецца
дотыкам цёплым праз шкло,
вольным палётам
над апусцелымі плошчамі,
а сонца густымі плямамі,
як масла на хлеб,
як фарба на палатно,
кладзецца між парасткамі
прыдарожнымі.

***
*Скача дождж па лісці нашай памяці,
па лісці, якое ці можам памятаць —
разам з залевай дзяцінства,
калі дзень, два, тры
падзенне кропляў вады разразала прастору,
адольваючы супраціўленне паветра.*

*Бывае памяць як вечны фон,
калі жывеш — і не забываешся:
прысутнасць не страчвае значнасці,
адсутнасць не страчвае значнасці.*

*Крывяносная сістэма —
карэненосная сістэма,
носіць увесь час па целе
спалучэнне генаў
 — дарункі геніяў —
нашую спадчыну.
Што мы такое?
Мы — гены, што памятаюць.*

*Магчыма, таму
мы пішам пра мінулае,
што шукаем там апірышча для будучыні,
што шукаем у мінулым трываласці?*

*Магчыма, таму,
што мы выраслі ў Беларусі,
а не між "руінамі" і "нідзе",
у Беларусі, якая была сапраўднай,
якая памятала сябе самую,
хоць пра многае хацела забыцца?*

*Магчыма, таму
я абяцаю сабе зноў і зноў
не пісаць пра мінулае,
а яно вяртаецца,*

*так упарта, так жыва,
прыводзіць за сабою людзей,
якіх даўно ўжо няма.*

Каб я ведала, што я не адна.

Каранаваная вясна

I

Дзівосная,
    ласкавая,
        блакітна-зялёная
вясна, распырсканая па беразе ракі,
пакінутая ў знервавацым горадзе,
самаізаляваная ў даступных межах,
пайшла да вады, дзе квітнеюць сады,
але замест водару яблыняў дыхае
водарам падпаленых шашлыкоў,
слухае, як дзесьці грукаюцца ў браму зямлі
шэрагі адзіна правільных носьбітаў
прыўласненай памяці.

*Ці сапраўды адрозніваецца тое,
што чуюць яны, і тое, што чуеш ты?*

Дзівосная,
    млосная,
        блакітна-зялёная
вясна, каранаваная адмененымі рэйсамі.
*Можа быць, варта, каб нехта
зафутболіў сонца за хмары
і з неба паліўся дождж-дэзынфекцыя?*

*Надзея памірае апошняй,
але ўсё ж такі памірае.
І дзякуй Богу, што памірае;
можа быць, нарэшце вызваліцца месца
ўпэўненасці, новаму веданню, новай волі?*

*Ты дакладна не пойдзеш туды,
дзе шыбуе на парад
піянерскі іх атрад.
Ты даўно на каранціне.*

Галоўнае, каб не пажыццёва.

II

*З суседам нешта здарылася,
штосьці здарылася,
глянь на яго сіні "Лексус" —
на цёмнай машыне відаць
кожная кропля дажджу ці слязы.
Машыны — як сабакі —
калі іх кідаюць,
пачынаюць скуголіць і плакаць.
Іх сумны нямыты выгляд, іх вочы,
зацярушаныя рознай вясновай трасцай,
што сыплецца з дуба ля пад'езда,
птушыныя пазнакі,
спушчаныя колы
распавядаюць пра іх сіроцтва:
калі за імі ніхто не прыходзіць,
не гладзіць, не дае каманду "наперад",
яны страчваюць волю.*

*З суседам нешта здарылася,
штосьці здарылася,
мінае тыдзень, два, тры...
Раніцай я чую за сцяной смех яго сына,
які вучыцца хадзіць.
Можа быць, гэтае нез'яўленне —
нічога дзіўнага ў ліхую часіну
закрытых межаў?..
Але дарма.*

*Мяжа закрылася,
і ён не зможа вярнуцца.
Ніколі болей не зможа вярнуцца —
гэтая мяжа не адкрыецца.*

І толькі цяпер я даведалася яго імя.

***

A тыя, прагныя волі,
*   волевыяўлення,*
*   самавыяўлення,*
рухаліся па новым маршруце,
*   слухалі мову,*
што набывала ўцелаўленне,
*   сэнсам рабілася,*
тым, што ёсць падмуркам
*   не толькі асабістай светабудовы.*
Ішлі, бо верылі,
*   бо выбіралі тое,*
што было большым
*   за ўласнае існаванне.*

Цяпер, калі паловы няма
    ні тут, ні там,
калі рас-чараванне
    стала быццам каньён Каларада,
хтосьці ўсё роўна
    працягвае ісці над ім,
        па канаце
ад мінулага да будучыні,
    звязвае канцы з канцамі,
хтосьці ўсё роўна
    працягвае ісці ад гісторыі
            да Гісторыі.

Той,
*   хто не падпарадкоўваецца загадам.*

І калі я спытаюся,
*   што ты думаеш пра формы свету*
і сваю ад іх залежнасць,
*   пра стратэгіі самазахавання і*
*   самаруйнавання,*
ці маеш ты адказ?

Час паскараецца,
    свет набліжаецца,
і, як праз павелічальнае шкло,
    робяцца бачнымі ўсе яго хібы.

А што ты ўмееш, акрамя вершаў?

Мы занадта сур'ёзныя для таго,
    каб жыццё здавалася сцёбам,
занадта сур'ёзныя,
    каб літаратура сталася сцёбам.

Ці маю я адказ,
        адрозны ад уласнага лёсу,
што працягвае крочыць
    па шляху ад гісторыі
            да Гісторыі?

***

Восеньскім туманным днём,
ад якога не засталося ніякай даты,
мяне паклікала рака, а туман,
як гаспадар зарослых берагоў,
павёў цераз імглістую прастору
                              туды,
дзе слупы святла прараслі праз ваду,
згубілі карэнне і гайдаліся на хвалях.

У прыцемкавай таямніцы
я назірала светлавыя спецэфекты
з банальнай думкай, што рака — жывая,
святло жывое, і адно праходзіць праз другое,
адныя хвалі праз другія хвалі,
гэтаксама як жыццё і смерць,
якія мы носім у сваім целе,
зведзеным да хімічных формул.

І цяпер, калі кожная клетка
змагаецца за існаванне,
мне згадалася неадольнае
прыцягненне восені і туману,
святла і вады, пачатку і канца,
маіх слядоў на вільготнай зямлі
і птушак з мокрым крыллем,
якія нават не глядзелі ў неба,
непрыдатнае для палётаў...

***

*На Вялікдзень усе яны пойдуць да царквы ці касцёла,
яйкі пасвенцяць, як добрыя самарыцяне,
запаляць васкоўкі, нахіляцца долу,
кшталту і мы гэтаксама просім у Бога
здароўя, грошай, каб усё там прыстойна,
зробяць выгляд, што разам з Богам штодзённа.*

*Яны ведаюць, што добра, што дрэнна,
усе мы ведаем пра добра і дрэнна,
і не гэта нас раз'яднае:
проста адзін Бога бачыць,
для другога — Бог аднойчы памёр
               і болей не ўваскрасае.*

*Ці варта заклікаць глухіх, каб пачулі,
сляпых — каб убачылі,
рассціла́ць перад імі шляхі да выратавання,
спадзявацца на Божую ласку цяпер,
калі кожны дзень —
             як апошні перад канцом свету.
Чалавечнасць — слова пустое ці не пустое?
Кажуць, кожны з нас мае голас,
толькі гэта не дае суцяшэння.*

*Мяккім святлом
лістапад праплывае між сосен,
ночы робяцца доўгімі і цягучымі.
Нас прымае міласэрная восень
і вядзе за руку да збавення
             праз сады
гефсіманскіх аліваў.*

*Невядома, каму можна верыць,
            але хто, як не Бог,
можа гэтую цемрадзь парушыць?*

*Асыпаецца неба на жоўты мурог
слюдзянымі пласцінамі змерзлай вады.*

***

Шапаценне, шамаценне,
Кажановых крыл шахценне,
Восень дробны дождж цярусіць
Па Заходняй Беларусі,
Восень нервы нам казыча,
Жоўтымі вачыма кліча
За яловыя кусты, за сухія верасы.

Шаргаценне, мармытанне,
Лісця з веццем развітанне,
Шоргат, шорхат, сум сшарэлы,
Пад страхою пацямнелай
Мышы шастаюць уночы,
Прагны шашаль дрэва точыць,
Заціхаюць у дрымоце пасівелыя лясы.

Мо самотнік, мо журботнік,
Мо аселіцы гаротнік,
Як ты будзеш жыць на свеце
У часіну ліхалецця,
Хто цябе бадзяцца змусіў
Між абедзвюх Беларусяў,
Слухаць шорхаты і рыпы, і памежжа галасы?

Перамытнік, перабежнік,
Тут зялёнкі, там памежнік,
Тут карчомка, там меліна,
Раз загінуў, два загінуў.
Свет маленькі, свет вялікі,
Хто твае пачуе крыкі?
Сам сябе не надта ўчуеш у памежныя часы.

Шапаценне, шамаценне,
Сэрца згубнае трымценне,
Небяспечная то справа —
Шлях налева, шлях направа.
Дзе падзецца, дзе падзецца —
Сцежка тонкая кладзецца
Каля самае граніцы, ля памежнай паласы...

Limbus puerorum

Восені крылле мяккае-мяккае
дакранаецца ялінавай лапкай
да помнікаў — старых з белай крошкі
і новых гранітных і мармуровых,
але маленькіх-маленькіх.
Гладзіць іх вострыя плечыкі,
суцяшае, распытвае
і цябе распытае, што ты робіш у лімбе —
сярод усіх гэтых
Каценька, Паўлік, Сярожка —
пару месяцаў, пару годзікаў,
а ты такая дарослая.
А што на Чыжоўскіх,
дык для лімба ўсе месцы добрыя.

Побач з некаторымі састарэлыя мамы,
іх таксама пусцілі ў лімб —
як малым без аховы?
Каго не давалося далюбіць пры жыцці —
далюбяць у вечнасці.

Голкі падаюць круглы год
на магілкі, на лавачкі,
на жывую травіцу,
на штучныя кветкі.
Восень. Дзяды.
Але час прыбіраць
і ў Limbus puerorum —
месцы, дзе спачываюць дзеткі.
Чыесьці брацікі і сястрычкі.

Другая чвэрць

У люстэрку шафы,
што стаіць насупраць акна,
калыхаюцца дрэвы і ліхтары,
пражэктары,
падкінутыя ўгару,
апускаюцца
памаранчавымі плямамі
на белае поле стадыёна.
Выпаў снег,
і сёння ніякага футбола не будзе.
Кран дасылае прывітанне
шпількай стралы,
а бубачкі агеньчыкаў на канцы
выдатна ўпісваюцца
ў міжзорную прастору.

Маё вандроўнае сэрца
заўжды падарожнічала
ў рыштунку рэбраў,
а сёння, здаецца,
гатовае выправіцца
на пошукі прыгодаў самастойна.

Адчыняю акно,
і марознае хрусткае паветра
трапляе ў пакой.

Дыхаю.

Апошні раз
я так доўга хварэла
ажно ў трэцім класе :(.

***
*Подых ветру здзьмувае
з цукрыстых клёнаў
шматкі першага снегу разам з лісцем,
апускае іх на прыступкі палаца,
на лесвіцу, што крута ўздымаецца
да параднага ўвахода.
Гаспадыня, захінутая ў паланцін,
прыадчыняе дубовыя дзверы
і з сумам глядзіць на пабелены шлях...*

Ці вернецца, ці вернецца
той вершнік малады,
гасцінец мякка сцелецца,
гасцей — гады ў рады.

Празрыстымі алеямі
сыходзіць лістапад,
імклівымі завеямі
туманіцца пагляд.

За садам — сцежка тайная —
не вырасла трава,
усё, што трэба — памятаць,
сынам перадаваць.

Хоць зернейка, хоць каліўца —
гадуюцца сыны,
а правыя не каюцца,
на іх няма віны.

І песнямі, і вершамі
маліць аб тым найперш,
каб з пасівелым вершнікам
сустрэцца ў рэшце рэшт.

***

Ці можна застацца паэтам,
але пры гэтым
любіць "зямлю і неба
больш, чым рыфмаваныя
і нерыфмаваныя радкі
пра зямлю і неба"*,
ці можна застацца паэтам,
але пры гэтым
памятаць пра тое, што "жыць —
важней, чым апісваць, як ты жывеш"**,
што слёзы твайго дзіцяці важней
за гэты няскончаны верш...

Але ж ты, сволач такая, паэце,
бо нават пад час канца свету
не забываешся нешта пісаць...
Верагодна,
ты — проста звычайны стрынгер
і не апусціш камеру нават тады,
калі нехта задыхнецца ў цябе на вачах,
хоць часцей гэты нехта — ты сам.
Ты баішся выпусціць думку,
палюеш на жураўля, а тым часам
душыш сініцу,
ты ўвесьчасна вучышся жыць
і не можаш ніяк навучыцца,
бо спяшаешся занатаваць,
запомніць нешта хутчэй...

Хто ты — паэт-агрэсар,
братазабойца?..

...Ці можна застацца паэтам,
але пры гэтым
любіць сябе меней за іншых людзей?

---

* *А. Блок, ***Калі Вы стаіце... (А. Блок, ***Когда Вы стоите...).*
** *У. С. Моэм, Цяжар страсцей чалавечых (W. S. Maugham, Of Human Bondage).*

***

Чуеш ветру ціхі свіст,
*   Чуеш дотык нечаканы,*
Гэта ліст-эквілібрыст
*   Пакруціўся і на рану*
Апусціўся, як спакой,
*   Як само выратаванне,*
Зёлкаю гаючай той,
*   Што збіраюць на світанні...*

Верш адрываецца, як ліст,
*   што падае з галіны дрэва,*
і ў падзенні
*   вызваляецца ад цялеснасці,*
і калі ён далятае да зямлі,
топератвараецца ў вобраз самога сябе,
*   у чысты вобраз вонкавага аблічча.*

Цела — усяго толькі частка існага —
прылада для руху,
*   спасціжэння свету,*
тое, што рана ці позна сыдзе,
пакідаючы чысты вобраз ракі,
якая сціснула зямлю
*   ў блакітных абдымках,*
дрэва, застылага ў літанні,
каменя, чыё аблічча больш выразнае за голас.

Верш адрываецца,
*   каб паляцець туды,*
дзе завяршаецца сезон дажджоў,
а восень кладзецца жоўтай стужкай
на разгорнутыя далоні
*   верасовых пустак,*
дзе вецер гартае дні і
*   ловіць разгубленыя аблокі.*

А потым падхоплівае нашыя душы,
*   і нясе іх*
*   спасцігаць неспасцігальнае.*

***

Вецер,
не вецер,
вецце
вярбы
гайдаецца,
быццам арэлі
нябачных
эльфаў.

***

*Час туману — зіма,
злучэнне неба і снегу,
дотык туману — вада
на тваіх валасах.*

*Пальцы туману
дацягваюцца з возера
праз твае вокны,
закрываюць табе вочы,
гладзяць твае косці.*

*Дрыжыш ад холаду,
вечнага холаду слотнага,
нялётнымі раніцай,
днём, вечарам,
а ўночы абуджаюцца
рэзаныя, колатыя
і ўсякія іншыя
незагоеныя
раны нашых сэрцаў.*

Час туману — зіма.

***

А. Братачкіну

Яшчэ ўчора
вецер ганяў хвалі
насустрач ледзяному покрыву,
нацягнутаму
ад берага да берага,
хвалі падхоплівалі
прыгаршчы ландрынак,
білі іх аб сустрэчны лёд,
ландрынкі шоргаліся адна аб адну,
захлыналіся новаўтворанымі гукамі:
шарош, шарош, шарош...

Нарэшце ўночы
на люстранай паверхні ракі
хвалі заледзянелі
крывымі белымі лініямі.
Нібыта супакаенне сышло
на ваду, на берагі, на маё сэрца...
Калі нас, як той шарош,
лупяць хвалі аб лёд —
што ёсць нашае жыццё,
як не суцэльнае выпрабаванне?

Таму
мы і запіраем
час ад часу
ў ледзяной стыхіі,
абдымаючы
белыя глыжыкі ландрынак.

Каб самазахавацца.

***

Магчымасць бачыць дзень.
Яго пачатак, аформлены
ў блакітна-шэрай гаме.
Пасля бялее неба,
бледнатварыя палеткі
выпростваюць смарагдавыя дзіды
праз нітніцу бялюткай маскі.
Ёсць белае на жоўтым і зялёным,
ёсць чорнае ў бялюткім атачэнні —
і толькі. Небагацце спалучэнняў
у першы дзень зімы.
Але — магчымасць
бачыць. Не спяшацца.
Паветра, бы шампанскае,
казыча горла. Вераб'і, сініцы
страсаюць з вецця снег
маленькім крыллем.
Забыцца, што найгоршая
ўласцівасць чалавека —
не вызначаць дабро і зло.
Або адрозніваць, але згаджацца.
Забыцца. Не бывае перапынкаў
доўгіх. Дыхаць гэтым небам
пасля раптоўнага *memento mori*.
З-за рэчкі далятае дым
і брэх сабак з суседняй вёскі.
Магчымасць бачыць дзень.

***

Сцюдзёнасць і празрыстасць.
Ледзяшы, застылыя ў нязвыклым руху,
бы вадаспад, замерзлы ў накірунку
настойлівых уздзеянняў вятроў.
Такой парой — ісці гуляць па рэчцы,
і слухаць лёд, засыпаны снягамі,
і адчуваць, як дзесьці пад нагамі
гуляюць рыбіны, што так і не паснулі.

У горад-лес, у горад-сад зімовы,
пазначаны красою безумоўнай,
у горад-рэчку, дзе на сподзе льдоў
то тут, то там вігвамы рыбакоў,
ідзі, душа мая, жыві натхненнем
снягоў і сонца. Не пужаюць цені,
і квецяць снег на радасць вераб'ям
каліны ягады — то тут, то там.

***

І ўсё?
 І ўсё.
Майстэрства пераказу
 крышталізуе
здольнасць назірання
 і надавання самым звыклым рэчам
інакшых сэнсаў.
 Сыплюцца кантэксты
і выбудоўваюцца зноў.
 Зіхценнем сінім
напоўняць целы ззяючых кальмараў
 марскія хвалі
 і засведчаць сілу,
непадуладную фантазіям адчайным.

І ўсё?
 І ўсё.
Майстэрства пераказу
 палёту пчолаў, выспявання вішні,
пяшчотных post meridiem,
 дзе травы
збіраюць ноты залацістых гукаў, —
сцяжынка ў полі. Цішыня сусвету,
 парушаная птушак галасамі.

І ўсё — тваё. Як кожная вяршыня,
дасягнутая су-перажываннем.

Змест

Пачатак	3
****Калі Петрарка пра самотнае жыццё...*	4
Старая	5
****дождж раскрываецца паступова...*	6
****Травінка гайдаецца, як метраном...*	7
Сталасць	8
****Хвалі — ружовыя і залатыя...*	9
****Ёсць час сядзець на камянях...*	10
****Іду...*	11
****Дваістасць вераснёўскага паветра...*	12
****Дзень, калі ты сціснуўся...*	13
****Прастора, пасечаная на кавалкі...*	14
****У пэўны момант перамяшчэння...*	15
****Зямля...*	16
Перакладчык	17
****Промні сонца прабіваюць скуру яблыкаў...*	18
Харон	19
****Паслухай, як гучыць лёд...*	20
****Прайсці па ўласных слядах...*	21
Сіцылія	22
****Дзень, ператвораны ў ручаіну...*	23
****Акварэльная рэчаіснасць...*	24
Іншае	25
****Слонца закацілася за гае далёкія...*	26
****У шэры сад, дзе яблыкі прамерзлі...*	28
Aequinoctium	29
Гадзіннік	30
****Вецер з Готланда...*	32
Асэнсаванне	33

***І вырастаюць...   *34*
***Са дна ракі...   *35*
***Ты прыедзеш, і скончыцца дождж...   *36*
***Хоць слова...   *37*
Перад уяўным полымем каміна   *38*
Творчасць   *39*
***Мае беларускія словы...   *40*
***Адыходзячы — пакідай...   *41*
***Сонца-леў...   *42*
Ноч   *43*
Перакладаючы Кампану   *44*
***Сказаць — каб быць пачутай?   *45*
Суіснаванне   *46*
***У эпіцэнтры стыхіі...   *47*
***На чырвонай выспе...   *48*
***Момант...   *49*
***Непераможная...   *50*
Гульня   *51*
***Зіхатлівы трохкутнік...   *52*
Дзень Фердынанда Рушчыца   *53*
Акадэмія   *54*
***Паклала на ваду рукі...   *55*
***Птушыныя галасы...   *56*
***Быць мацней за Арфея...   *57*
***Перамена...   *58*
***Ёсць людзі лёгкія...   *59*
***Вылецеў з акна...   *60*
***Вада мае здольнасць...   *61*
***Калі я думаю пра цябе...   *62*
Дажджлівае лета   *63*
***Кароль-алень...   *64*
*** ...я згубіла белае пёрка...   *65*
***Усе паэты выдумляюць жыццё...   *66*
Дарога ля катэдры   *67*
***Толькі так — ад Міранкі да Кромані...   *68*
Уздоўж ракі   *69*
***Звонкаю вуліцай...   *70*
***Начныя прагулянкі...   *71*
***Тужлівасць восеньскіх лясоў...   *72*

Вечар	*73*
***Выбегу ранкам з бабулінай хаты...	*74*
***Хлеб — гэта выспа...	*76*
***Жніво...	*77*
***З якіх часоў тут засталіся яблыні...	*78*
***Жоўта-блакітныя віхуры...	*80*
***"Што за нікчэмнасць гэты Тэзей!"...	*81*
***Парудзелае лісце каштанаў...	*82*
***Ну вось, нарэшце...	*84*
Ілюзія	*85*
***Камяні, раскладзеныя па посцілцы...	*86*
Канец зімы	*88*
Намацваць шлях...	*89*
***Промні-нажы вакол майго сілуэта...	*90*
***Акно кухні глядзіць на дарогу...	*91*
***Зімовы дзень у шуканні абсалюту...	*92*
***Дзіўныя, дзіўныя дні...	*93*
***Дрэвы сыходзяць...	*94*
***Прадчуванне дажджу захоплівае неба...	*95*
***Ціхія дзеці кляновага парку...	*96*
***Вясна рукамі сонечных промняў...	*97*
***Там, наперадзе...	*98*
***Святло і цемра...	*99*
***Мы крышымся...	*100*
***Адкуль ты тут, Джонатан...	*101*
***Сонца не раз і не два...	*102*
***Маяком на ўзбярэжжы аблокаў начных...	*103*
На замкавым возеры	*104*
***Партрэт Пілсудскага...	*105*
Восеньская раніца	*106*
Дарога да Васілісы	*107*
***Нерухомасць прыносіць збавенне...	*108*
Пачатак сезона	*109*
Травень	*110*
***Скача дождж па лісці нашай памяці...	*111*
Каранаваная вясна	*113*
***А тыя, прагныя волі...	*115*
***Восеньскім туманным днём...	*117*
***На Вялікдзень усе яны пойдуць...	*118*

***Шапацэнне, шамацэнне...	119
Limbus puerorum	120
Другая чвэрць	121
***Подых ветру здзьмувае...	122
***Ці можна застацца паэтам...	123
***Чуеш ветру ціхі свіст...	124
***Вецер...	125
***Час туману — зіма...	126
***Яшчэ ўчора...	127
***Магчымасць бачыць дзень...	128
***Сцюдзёнасць і празрыстасць...	129
***І ўсё? І ўсё...	130

Аксана Данільчык
нарадзілася 15 лістапада 1970 г. у Мінску. Закончыла філалагічны факультэт БДУ і аспірантуру пры Інстытуце літаратуры НАН Беларусі, кандыдатка філалагічных навук (2002), аўтарка манаграфіі "Essentia Hominis: канцэпцыя чалавека ў беларускай і італьянскай прозе XX стагоддзя на тэму Другой сусветнай вайны" (2022) і паэтычных зборнікаў "Абрыс Скарпіёна" (1996), "Il Mezzogiorno" (2006), "Сон, які немагчыма забараніць" (2011), "Блюмэнштрасэ" (электронная кніга, 2018), кніжкі вершаў для дзяцей "Павуцінка на агрэсце" (2005); у 2019 годзе ў Італіі выйшла кніга выбраных вершаў "Il canto del ghiaccio" (Edizioni Controluce).

Удзельнічала ў літаратурных міжнародных фестывалях і семінарах у Беларусі, Літве, Украіне. Вершы перакладаліся на англійскую, італьянскую, літоўскую, польскую, рускую і ўкраінскую мовы; уваходзілі ў калектыўныя зборнікі і анталогіі. Перакладае з італьянскай мовы.

Лаўрэатка прэміі "Залаты апостраф" часопіса "Дзеяслоў" за найлепшую публікацыю ў намінацыі "Паэзія" (2021).

Milton Keynes UK
Ingram Content Group UK Ltd.
UKHW010832190424
441445UK00004B/134

9 781915 601278